DIREITO PÚBLICO DO AMBIENTE

LUÍS FILIPE COLAÇO ANTUNES

DIREITO PÚBLICO DO AMBIENTE

Diagnose e prognose
da tutela processual da paisagem

DIREITO PÚBLICO DO AMBIENTE
DIAGNOSE E PROGNOSE
DA TUTELA PROCESSUAL DA PAISAGEM

AUTOR
LUÍS FILIPE COLAÇO ANTUNES

EDITOR
EDIÇÕES ALMEDINA, SA
Av. Fernão Magalhães, n.º 584, 5.º Andar
3000-174 Coimbra
Tel.: 239 851 904
Fax: 239 851 901
www.almedina.net
editora@almedina.net

PRÉ-IMPRESSÃO I IMPRESSÃO I ACABAMENTO
G.C. – GRÁFICA DE COIMBRA, LDA.
Palheira – Assafarge
3001-453 Coimbra
producao@graficadecoimbra.pt

Maio, 2008

DEPÓSITO LEGAL
275296/08

Os dados e as opiniões inseridos na presente publicação
são da exclusiva responsabilidade do(s) seu(s) autor(es).

Toda a reprodução desta obra, por fotocópia ou outro qualquer
processo, sem prévia autorização escrita do Editor, é ilícita
e passível de procedimento judicial contra o infractor.

Biblioteca Nacional de Portugal - Catalogação na Publicação

ANTUNES, Luís Filipe Colaço

Direito público do ambiente : diagnose e prognose da
tutela processual da paisagem. - (Monografias)
ISBN 978-972-40-3511-6

CDU   349

À paisagem infinita da planície alentejana.

Relatório apresentado para a prestação das provas de agregação em Direito (Ciências Jurídico-Políticas) pela Faculdade de Direito da Universidade do Porto, nos termos do artigo 9.º/1/a) do Decreto-Lei n.º 301/72, de 14 de Agosto, aplicável por força do artigo 24.º deste diploma.

NOTA PREAMBULAR

O texto que agora se dá a conhecer criticamente corresponde à versão apresentada e concluída em Dezembro de 2006, com as escassas mas naturais actualizações bibliográficas, legislativas e jurisprudenciais impostas pela preparação das provas públicas, que tiveram lugar na Faculdade de Direito da Universidade do Porto a 24 e 25 de Janeiro de 2008. As já proverbiais *esperas* heideggerianas de quem escreve estas linhas.

Decorridos trinta anos após o começo da nossa carreira académica, pudemos finalmente concluir com honradez e brilho as Provas de Agregação exigidas pelo Estatuto da Carreira Docente Universitária. Confesso que estamos orgulhosos do que fomos e somos ao longo destas três longas décadas.

Se há um modelo que reivindicamos para nós é o da coerência e da elegância.

Nada mais.

De resto, *não* somos, como *Piero della Francesca*, um *pintor de inimigos*. Não os vejo ou, talvez, apenas o bom senso, esse bem jurídico cartesiano e escasso de que todos e ninguém parecem sentir a falta.

Não ouvimos o que não vemos.

Não somos, definitivamente, uma criatura deste *tempo líquido* em que naufragamos.

Abraveia, Abril de 2008

"Nessun ordine si ritrova infatti dove non esiste alcuna diversità"

G. BRUNO

"O homem só habita verdadeiramente quando se produz uma representação paisagística do território"

F. HÖLDERLIN

PLANO DO RELATÓRIO

I. Razões da nossa escolha

II. Programa da disciplina

III. O direito do ambiente e a globalização: implicações metodológicas e algumas complexidades dogmáticas

IV. As bases do direito público do ambiente

    1. O tempo como elemento enformador do direito público do ambiente e da sua tutela

    2. O Estado de Cultura

    3. O direito do ambiente como direito da complexidade

        3. 1. As fabulosas origens da complexidade jurídica ambiental

        3. 2. Indeterminação da noção jurídica de ambiente

        3. 3. O ambiente como direito fundamental

        3. 4. A função constitutiva do direito procedimental do ambiente

        3. 5. A autodeterminação do direito do ambiente

    4. Um objecto inquieto: o ambiente contra a paisagem

    5. A poligonalidade da relação jurídico-administrativa ambiental

    6. Administração cautelar e tutela jurisdicional

7. Continuação. Alguma especificidade da justiça ambiental

7. 1. Considerações introdutórias

7. 2. Um passado novo: a aceitação do acto e as suas implicações

7. 3. O passado que não quer passar: uma breve suspensão reflexiva sobre o interesse processual

7. 4. O princípio da precaução e a nova justiça administrativa

7. 5. O juiz administrativo senhor do processo executivo: a execução substitutiva pela Administração na presença de discricionaridade

7. 6. Reflexões finais

V. Métodos de ensino – cláusula de progresso pedagógico--científico

I
RAZÕES DA NOSSA ESCOLHA

I. Razões da nossa escolha

A ideia que presidiu à elaboração deste Relatório foi sobretudo a de oferecer uma outra visão do direito do ambiente e não tanto a de calcorrear, repetidamente, o itinerário da disciplina, salpicando-o de breves comentários ou de sumários que nada ou pouco esclarecem.

Em vez disso, de repetição inútil e, porventura, mais pobre, o nosso fito foi o de enunciar alguns pontos estruturantes da nossa *Weltanschauung* ambiental. Afinal de contas o nosso modelo de Direito do Ambiente [1]. Os textos, pequenos textos, relativos a cada uma das epígrafes, são a prova cabal desse nosso entendimento. É não só mais estimulante cientificamente como nos parece mais adequado pedagogicamente. O destinatário deve compreender, reflexivamente, logo nas primeiras aulas, e daí a sua importância conformadora, as teses do professor da disciplina. Alguns pontos farão expressamente parte do Programa, outros estarão subentendidos.

Trata-se, por outras palavras, de pensar para falar e de ouvir para pensar.

O nosso posto de observação é o direito público, mais exactamente o direito administrativo, daí a visão da disciplina.

---

[1] Disciplina semestral do 5.º ano da Licenciatura em Direito, com passagem para o 3.º ano no novo Plano do Curso à luz de Bolonha.

Como já elaborámos um Relatório com idêntica função, aquando do concurso para Professor Associado, noutra disciplina, é certo, julgamos oportuno advertir que remeteremos para aí o que diga respeito à concepção de programa e aos métodos pedagógicos em tudo o que o nosso pensamento não tenha sofrido alteração.

Se quisermos expor uma motivação pessoal e epistemológica, mas igualmente afectiva, então diríamos que se trata de um regresso às origens, às origens de um estudioso do Direito.

Gostaríamos, no entanto, de ressalvar que não se trata de qualquer intuito restauracionista de quem não tem visto reconhecido, na sua plenitude, o seu papel fundacional desta disciplina entre nós [2].

Quisemos também dar tempo ao tempo, à descerebragem contemporânea, de forma a poder oferecer um contributo útil à ciência jurídica neste campo.

O sonho dogmático não pode deixar de existir.

Não sabendo se o conseguiremos, fica a ética da atitude e o esforço de alguém mais próximo dos pensadores da paisagem montanhosa.

O meu modesto *Todtnauberg* é a Abraveia, onde, com escassa comodidade, penso, vendo o voo das nuvens descer rapidamente para a Lousã. É uma paisagem de possibilidades e de perspectivas a meia hora de Coimbra, com toda a piedade do pensamento.

Num país onde se tornou muito perigoso pensar seriamente, devo confessar que o mais antigo do antigo nos segue no nosso pensar e, por isso, não o podemos evitar.

Somos o que pensamos.

---

[2] "Por favor, não me ressuscitem", bem poderá ser o nosso epitáfio.

Mas o que é pensar? Pensar significa, desde logo, colocar urgentemente a pergunta sobre o que é pensar. Provavelmente, o que hoje mais interessa pensar é o facto de não pensarmos.

Não pensamos, porque esquecemos os fundamentos da cultura, da nossa cultura. Para nós, o futuro está na distinção ontológica entre o ser e o existir ou, mais exactamente, no passado, na procura do início. O futuro não está no futuro, porque este não existe temporalmente. O futuro só existe como antecipação do presente. É o tempo que torna possível estar por diante, sendo já. O ser só é possível no tempo, mais exactamente no tempo *final*. Só nesse tempo terminal podemos dizer, com segurança, *eu sou*. Somos o que somos entre dois silêncios, sendo que o silêncio originante já lá vai há tanto tempo que podemos começar a dizer que *o meu nome sou eu*.

Vendo as coisas por este prisma, tentaremos perceber a importância originária da paisagem como parte do ser do direito do ambiente. O ambiente é o existir, a paisagem o ser.

É a partir destes fundamentos que procuraremos compreender os pressupostos essenciais e íntimos da nossa disciplina. Não pretendemos ser originais mas tão-só nós mesmos, pelo que julgamos oportuno esclarecer, desde já, que não maçaremos o leitor com a tradicional floresta bibliográfica.

Não o fazemos porque aprendemos a seguinte lição: *as palavras só dizem o que dizem na sua própria língua*.

O nosso exercício é o de pensar, dizendo, para ouvir, pensando.

Neste momento da nossa vida existencial e académica não conseguimos pensar o direito do ambiente sem pensar a paisagem. O nosso *horizonte axiológico* é o da paisagem e do seu direito.

É, portanto, a noção cultural e jurídica de paisagem a guiar a reflexão totalizante da nossa disciplina e do seu objecto. O ambiente naturalístico não é pensável juridicamente senão através do rasto das disposições normativas. Mas isso já fizemos muito tempo antes e não queremos repetir. Seria um esforço inútil, não pensado e repetido.

O ambiente transformou-se no lugar simbólico do poder e da economia e, discursivamente, numa banalidade de base enfática pouco académica. Já a paisagem é o lugar da sacralidade e da individualidade do pensar, do ser--existir-pensando.

Com toda a sinceridade intelectual, é esta a razão da nossa escolha pedagógica e disciplinar.

A Universidade e as Faculdades de Direito em particular tornaram-se lugares do não-pensar mas do fazer. A rendição à ciência e, sobretudo, à técnica mataram o pensar e, por isso, não é surpreendente que o indivíduo tenha perdido significado e referências.

A Universidade, pelo menos nas Faculdades de Direito, não serve, nem deve servir, para o exercício prático, imediato e directo de uma profissão jurídica. Deve servir para aprender a pensar, para adquirir o conhecimento indispensável ao exercício de uma profissão jurídica. Para o exercício desta é preciso experiência, experiência que não se pode ensinar nem aprender. A experiência *adquire-se* pura e simplesmente.

Neste sentido, tanto o programa como as aulas devem respeitar três critérios fundamentais: *completude, claridade e capacidade de síntese.*

Há que voltar a pensar e a ser pré-socrático. A individualidade e a liberdade do ser humano não está na "liberdade" de escolher *Chanel 5*. A individualidade e a liberdade está no pensar, no seu pensar.

Em extrema síntese, o que se propõe é pensar o direito do ambiente mais ao jeito de lições, pondo, metodologicamente, alguns pontos que nos parecem centrais na nossa reflexão.

II

PROGRAMA DA DISCIPLINA

II. Programa da disciplina

No que se refere ao programa da disciplina e ao seu conteúdo, não temos muito a acrescentar ao que já dissemos noutra sede [3]. Creio que o que aí ficou dito, está dito e bem dito.

Queremos apenas dizer que a feitura do programa e o ensino da disciplina apontam para uma ideia de complexidade do direito do ambiente. Complexidade que se nota imediatamente no seu objecto, a começar pela sua vertente paisagística, para se reflectir depois nas formas peculiares da actividade administrativa ambiental e na sua tutela jurisdicional. Também não é alheia à sua complexidade a globalização do Direito e o emergente direito público europeu, com destaque para a jurisprudência do TJCE (*Les Verts,* 1986) e do TEDH [4].

Pelas razões que apontamos no texto que vem a seguir, cremos que no futuro o direito da paisagem se

---

[3] COLAÇO ANTUNES, *Direito Urbanístico – Um Outro Paradigma: A Planificação Modesto-Situacional,* Coimbra, 2002, p. 21 e ss.

[4] COLAÇO ANTUNES, "Johann Sebastian Bach no Tribunal Europeu dos Direitos do Homem ou uma Jurisprudência *sempre nunca diferente – nunca sempre igual*", in *Rev. do Min. Públ.,* n.º 92, 2002, p. 57 e ss. A tese que o título encerra viu-se depois confirmada numa sentença que não vai precisamente no sentido da agora referenciada.

deverá emancipar do direito do ambiente, com base na crescente tensão ambiente-paisagem e na individualidade das posições jurídicas paisagísticas e até nas formas de tutela jurisdicional. De certo modo, é já essa a perspectiva epistemológica que marca e orienta o Relatório que temos entre mãos.

Não fomos também alheios à ideia de que a crescente afirmação de um direito administrativo europeu tem na sua vertente ambiental uma das suas dimensões mais relevantes. Esta tese colhe fundamento na posição central e estruturante dos procedimentos autorizativos com reflexos ambientais, nos princípios da prevenção e da precaução (artigo 174.º do TCE), bem como ao nível da tutela jurisdicional principal e cautelar. A política da União Europeia de ordenamento do território e ambiental começa a ter uma força conformadora intensa dos ordenamentos jurídicos nacionais.

Note-se que a justiça comunitária, através do recurso prejudicial (artigo 234.º do TCE), tem vindo a desenvolver paulatinamente os pressupostos da responsabilidade dos Estados por incumprimento das obrigações resultantes do direito comunitário. Destacam-se duas sentenças fundamentais: a sentença *Francovich,* de 19 de Novembro de 1991, e a sentença *Brasserie du Pêcheur,* de 5 de Março de 1996 [5].

Da jurisprudência comunitária ressalta a ideia de que a responsabilidade administrativa varia em função da amplitude da margem de apreciação consentida pela norma comunitária à autoridade nacional, como é manifesto na transposição das Directivas (acto normativo utilizado em regra no direito comunitário ambiental).

---

[5] M. CHITI, *Diritto amministrativo europeo,* 2.ª ed., Milano, 2004, p. 51 e ss.

Temos, assim, um regime mais restritivo, resultante da primeira sentença, e outro mais generoso, definido pela segunda sentença.

Um outro aspecto relevante é o da criação de uma linguagem jurídica comum e de uma doutrina europeia, o que permitirá uma aplicação administrativa e jurisprudencial mais homogénea do Direito no espaço jurídico europeu.

Até à época contemporânea, a Europa caracterizava-se normativamente pela existência de um elemento comum (*gemeinsames Element*), apesar deste Direito comum ter uma existência de certo modo idealística, face às particularidades jurídicas nacionais [6]. Era a época por excelência do direito comparado, ao invés do que hoje começa a suceder: falta o pressuposto essencial do direito comparado, a diferenciação e individualidade dos ordenamentos jurídicos. A universalidade comparatística só ganha sentido perante a pluralidade-diversidade de ordenamentos jurídicos.

Se não estamos em erro, o primeiro passo na globalização do Direito foi o operado por *Gregório VII* (1073-1085), através do célebre *Dictatus Papae* [7]. Com efeito, a *reformatio gregoriana* é um daqueles momentos mágicos de criação, identificação e universalização do direito que nos desperta um fascínio para o qual não estamos completamente apetrechados. Note-se, esta revolução papal não foi indiferente ao campo publicístico, estabelecendo, com séculos de antecipação, algumas das aquisições do constitucionalismo moderno.

---

[6] M. RHEINSTEIN, *Einführung in die Rechtsvergleichung*, München, 1987, p. 39 e ss.

[7] H. J. BERMAN, *Law and Revolution. The Formation of the Western Legal Tradition*, London, 1983.

Um outro momento mágico, agora de equilíbrio entre o nacional e o universal, foi o da Revolução Francesa de 1789, através dos conceitos universais de lei e de codificação. O próprio Código Civil napoleónico dizia textualmente que *"il existe un droit universel et immutable; il n'existe que la raison naturelle en tant que gouverne tous les hommes"*.

Não se estranha, por isso, que as primeiras tentativas de direito comparado se tenham confrontado com a Escola Histórica alemã.

Depois, foi todo o percurso, por vezes utópico, de afirmação crescente do direito comparado, até meados do século passado.

Após o Tratado de Roma, de 1957, começou a desenhar-se um outro caminho, com desenvolvimentos sucessivos, mais uniforme e homogéneo até aos nossos dias e à anunciada Constituição europeia [8]. A ideia de individualidade nacional [9] tem vindo a ceder perante a crescente europeização e mesmo globalização do direito e da sua doutrina.

Podemos, assim, avizinhar-nos ao *ius commune quam communis opinio doctorum,* com realce para as obras de *Jürgen Schwarze* e *M. Chiti* no campo do direito administrativo europeu.

Em extrema síntese, somos dos que pensam a existência de um direito ambiental europeu sem volatilizar totalmente a tradição jurídica própria de cada país.

De todo o modo, o que parece ser a natureza das coisas e a evolução do direito comunitário (positivo) apon-

---

[8] O texto foi elaborado antes do novo *Tratado de Lisboa*, pelo que utilizaremos a nomenclatura anterior (e ainda actual).

[9] J. RIVERO, "Le droit administratif en droit comparé : rapport final", in *Rev. Int. Dr. Comp.*, n.º 4, 1989, p. 921.

tam claramente para um direito administrativo do ambiente sem Estado.

Por outras palavras, *um direito administrativo europeu como saber e como método*.

No que se refere à bibliografia, seguimos um critério rigoroso e prudente, seleccionando os elementos (bibliográficos) que nos pareceram mais sustentados do ponto de vista dogmático e actualizados [10]. Uma coisa é a bibliografia de linha de água, outra, a bibliografia que permite aos alunos desafios teoréticos, nomeadamente ao nível dos trabalhos.

Depois, nos sumários, vão sendo indicados, oportunamente, elementos bibliográficos mais detalhados, específicos e mesmo fundacionais, como acontecerá com as obras e os estudos de Direito Administrativo substantivo e processual, que não vêm indicados na bibliografia básica (ambiental).

Uma especial atenção é dada à jurisprudência, por razões óbvias (o Direito é o que os juízes dizem ser o Direito), mas também porque a nova justiça administrativa comporta enormes desafios para o juiz (administrativo) em matéria de tutela ambiental, como será o caso da tutela jurisdicional urgente (principal e cautelar).

De resto, formalmente, o programa elaborado é um programa modesto e conciso ou mesmo mínimo, deixando a criatividade de quem ensina para o seu conteúdo e plasticidade. Note-se que se trata(va) de uma disciplina semestral do 5.º ano, o que permite ao professor convocar demoplenariocraticamente todos os saberes antes adquiridos,

---

[10] O último livro publicado não é necessariamente o mais actual e muito menos o melhor. Numa época em que se escreve mais do que se lê, seria sábio regressar aos autores clássicos e fundacionais do direito público.

com particular realce para as disciplinas de Direito Administrativo I e II.

O seu privilégio situacional no Curso de Direito e a sua natureza opcional permite igualmente ao docente utilizar um modelo discursivo mais dialógico e menos monologal.

DIREITO DO AMBIENTE

PROGRAMA

Introdução

1. Da sociedade do risco ao Direito do Ambiente como direito da complexidade
2. As fontes do Direito do Ambiente
3. Os princípios estruturantes do Direito do Ambiente
4. A importância da paisagem na coloração axiológico--normativa do Direito do Ambiente e do direito ao ambiente. *Design with nature?*
5. A Administração do ambiente como Administração cautelar

Capítulo I

Aproximação
ao conceito jurídico-constitucional de ambiente

1. Conceitos operatórios de ambiente
2. Para uma noção jurídica de ambiente
3. Do interesse difuso ao direito ao ambiente como direito fundamental
4. As dimensões jurídico-constitucionais do direito ao ambiente

Capítulo II

O direito comunitário do ambiente

1. A função promocional do direito comunitário na ordem jurídica portuguesa
2. Origem e evolução do direito comunitário do ambiente
3. Princípios, objectivos e condições da acção comunitária em matéria ambiental
4. Execução e controlo do direito comunitário do ambiente
5. O direito comunitário do ambiente e o direito internacional do ambiente. Relatividade e necessidade do direito internacional do ambiente

Capítulo III

A tutela do ambiente

1. A tutela do ambiente entre procedimento e processo administrativo
2. O procedimento administrativo de avaliação de impacto ambiental como procedimento padrão da tutela preventiva do ambiente
3. Planificação territorial e avaliação ambiental estratégica
4. Procedimentos autorizativos complexos e protecção de terceiros: a licença ambiental
5. A nova justiça administrativa e a tutela efectiva do direito ao ambiente
6. Tutela jurisdicional do ambiente. Em especial, o direito de acção popular e os processos urgentes principais e cautelares

Capítulo IV

*Responsabilidade administrativa
e dano público ambiental*

1. Estado de Direito de Ambiente e princípio da responsabilidade
2. Sentido e alcance da responsabilidade administrativa em matéria ambiental
3. Actos autorizativos e responsabilidade por danos ecológicos
4. O dano público ambiental
5. Conclusões

Bibliografia essencial

A. BERQUE, *Les Raisons du Paysage,* Paris, 1995

A. BETANCOR RODRÍGUEZ, *Instituciones de Derecho Ambiental*, Madrid, 2001

A. CAUQUELIN, *Le Site et le Paysage,* Paris, 2002

A. EPINEY, *Umweltrecht in der Europäischen Union*, Köln, Berlin, Bonn, München, 1997

A. FORTES MARTÍN, *El Régimen Jurídico de la Autorización Ambiental Integrada,* Madrid, 2004

A. MORENO MOLINA, *Derecho Comunitario del Medio Ambiente*, Madrid, 2006

ALEXANDRA ARAGÃO, "Direito comunitário do ambiente", in *Cadernos CEDOUA*, Coimbra, 2002

ALONSO GARCÍA, *El Derecho Ambiental de la Comunidad Europea*, Madrid, 1993

ALVES CORREIA, *Manual de Direito do Urbanismo,* vol. I, 3.ª ed., Coimbra, 2006

ANA GOUVEIA MARTINS, *O Princípio da Precaução no Direito do Ambiente*, Lisboa, 2002

B. CARAVITA, *Diritto pubblico dell'ambiente*, Bologna, 2005

C. PASQUALINI SALSA, *Diritto ambientale – principi, norme, giurisprudenza,* 7.ª ed., Milano, 2004

CARLA AMADO GOMES, *A Prevenção à Prova no Direito do Ambiente*, Coimbra, 2000

CARLA AMADO GOMES, *As Operações Materiais Administrativas e o Direito do Ambiente*, 2.ª ed., Lisboa, 2005

CARLA AMADO GOMES, *Textos Dispersos de Direito do Ambiente*, Lisboa, 2005

CARMEN FERNÁNDEZ RODRÍGUEZ, *La Protección del Paisaje – Un Estudio de Derecho Español y Comparado*, Madrid, 2007

COLAÇO ANTUNES, *A Tutela dos Interesses Difusos em Direito Administrativo: Para uma Legitimação Procedimental*, Coimbra, 1989

COLAÇO ANTUNES, "Los intereses difusos: Ubicación constitucional; tutela jurisdiccional y acción popular de masas", in *Revista de Administración Pública*, n.º 124, 1991

COLAÇO ANTUNES, "Para uma noção jurídica de ambiente", in *Scientia Iuridica*, n.ºˢ 235/237, 1992

COLAÇO ANTUNES, *O Procedimento Administrativo de Avaliação de Impacto Ambiental – Para uma Tutela Preventiva do Ambiente*, Coimbra, 1998

COLAÇO ANTUNES, "O Direito do Ambiente como direito da complexidade", in *Rev. Jur. Urb. Amb.*, n.º 10, 1998

CUNHAL SENDIM, *Responsabilidade Civil por Danos Ecológicos. Da Reparação do Dano Através de Restauração Natural*, Coimbra, 1998

D. AMIRANTE, *Diritto ambientale e Costituzione*, Milano, 2000

E. BURKE, *De lo Sublime y de lo Bello*, Madrid, 2005

ESCOBAR ROCA, *La Ordenación Constitucional del Medio Ambiente*, Madrid, 1995

ESTEVE PARDO, *Técnica, Riesgo y Derecho*, Barcelona, 1999

ESTEVE PARDO, *Derecho del Medio Ambiente*, Madrid, 2005

E. FOLLIERI (coord.), *Il diritto dei beni culturali e del paesaggio*, Napoli, 2005

F. BASSI / L. MAZZAROLLI (coords.), *Pianificazioni territoriali e tutela dell'ambiente*, Torino, 2000

FERNÁNDEZ GARCIA, *La Evaluación Ambiental de los Planes Urbanísticos y de Ordenación del Territorio*, Madrid, 2006

FERNANDO CONDESSO, *Direito do Ambiente*, Coimbra, 2001

FREITAS DO AMARAL, "Lei de Bases do Ambiente e Lei das Associações de Defesa do Ambiente", in *Direito do Ambiente*, Lisboa, 1994

FREITAS DO AMARAL, "Ordenamento do território, urbanismo e ambiente: objecto, autonomia e distinções", in *Rev. Jur. Urb. Amb.*, n.º 1, 1994

G. CORDINI, *Diritto ambientale comparato*, Padova, 1997

G. FRANCO CARTEI, *La disciplina del paesaggio (Tra conservazione e fruizione programmata*, Torino, 1995

GOMES CANOTILHO, "Actos autorizativos jurídico-públicos e responsabilidade por danos ambientais", in *BFDUC*, vol. LXIX, 1993

GOMES CANOTILHO, "Relações jurídicas poligonais, ponderação ecológica de bens e controlo judicial preventivo", in *Rev. Jur. Urb. Amb.*, n.º 1, 1994

GOMES CANOTILHO, *Protecção do Ambiente e Direito de Propriedade (Crítica de jurisprudência ambiental)*, Coimbra, 1995

GOMES CANOTILHO, *Introdução ao Direito do Ambiente*, (coord.), UA, Lisboa, 1998

J. E. FIGUEIREDO DIAS, *Tutela Ambiental e Contencioso Administrativo – Da Legitimidade Processual e das suas Consequências*, Coimbra, 1997

J. E. FIGUEIREDO DIAS, "Direito Constitucional e Administrativo do Ambiente", in *Cadernos CEDOUA*, Coimbra, 2001

J. LOWRY / R. EDMUNDS, *Environmental Protection and the Common Law*, Oregon, 2000

J. MORAND-DEVILLER, *Le Droit de l'Environnement*, 4.ª ed., Paris, 2000

J. WOLF, *Umweltrecht*, München, 2002

J.-MARC LAVIEILLE, *Droit International de l'Environnement*, Paris, 1998

JOÃO CAUPERS, "Estado de Direito, ordenamento do território e direito de propriedade", in *Rev. Jur. Urb. Amb.*, n.º 3, 1995

JORGE MIRANDA, "A Constituição e o Direito do Ambiente", in *Direito do Ambiente*, Lisboa, 1994

L. KRÄMER, *EC Environmental Law*, 5.ª ed., London, 2003

LASAGABASTER HERRARTE / A. GARCIA URETA / LAZCANO BROTONS, *Derecho Ambiental – Parte General*, Bilbao, 2004

LOZANO CUTANDA, *Derecho Ambiental Administrativo*, 6.ª ed., Madrid, 2006

LUCA MEZZETTI, *I beni culturali*, Padova, 1995

LUCA MEZZETTI (coord.), *Manuale di diritto ambientale*, Padova, 2001

M. DIAS VARELA / A. F. BARROS PLATIAU (coords.), *Princípio da Precaução*, Belo Horizonte, 2004

M. KLOEPFER, *Umweltrecht*, 2.ª ed., München, 1998

M. TEIXEIRA DE SOUSA, *A Legitimidade Popular na Tutela dos Interesses Difusos*, Lisboa, 2003

MARQUES ANTUNES, *O Direito de Acção Popular no Contencioso Administrativo Português*, Lisboa, 1997

MICHEL PRIEUR, *Droit de l'Environnement*, 5.ª ed., Paris, 2004

N. DHONDT, *Integration of Environmental Protection and Enforcement of Community Environmental Law*, Bruxelles, 2003

N. SADELEER, *Environmental Principles: From Political Slogans to Legal Rules*, Oxford, 2002

P. BIRNIE / A. BOYLE, *International Law and the Environment*, 2.ª ed., Oxford, New York, 2002

PH. GUILLOT, *Droit de l'Environnement*, Paris, 1998

P. LANDI, *La tutela processuale dell'ambiente*, Padova, 1991

P. LEONARDIS (coord.), *Valori costituzionali nell'ambiente-paesaggio*, Torino, 1997

P. MADDALENA, *Danno pubblico ambientale*, Rimini, 2002

P. OTERO, "A acção popular – configuração e valor no actual Direito português", in *ROA*, Ano 59, 1999

P. THIEFFRY, *Droit Européen del'Environnement*, Paris, 1998

PAOLO DELL'ANNO, *Manuale di diritto ambientale*, 4.ª ed., Padova, 2005

PEDRO GASPAR, *O Estado de Emergência Ambiental*, Coimbra, 2005

PETERS / SCHLINK / SCHLABACH, *Umweltverwaltungsrecht*, 2.ª ed., Heidelberg, 2003

R. ABRAMS / Z. PLATER / W. GOLDFARB / R. GRAHAM, *Environmental Law and Policy: Nature, Law and Society*, 2ª ed., Minnesota, 1998

R. ROMI, *Droit et Administration de l'Environnement*, 3.ª ed., Paris, 1999

RAMON MARTIN MATEO, *Manual de Derecho Ambiental*, 3.ª ed., Pamplona, 2003

T. ANTUNES, *O Ambiente entre o Direito e a Técnica*, Lisboa, 2003

T. O'RIORDAN / J. CAMERON (coords.), *Interpreting the Precautionary Principle*, London, 1994

VÁRIOS:

A Tutela Jurídica do Meio Ambiente: Presente e Futuro, Coimbra, 2005

Actas do I Congresso Internacional de Direito do Ambiente da Universidade Lusíada, in *Lusíada – Série de Direito*, n.º especial, Porto, 1996

Conférence de la Convention Européenne du Paysage à L'Occasion de son Entrée en Vigueur, Strasbourg, 2004

Convenzione Europea del Paesaggio e Governo del Territorio, Bologna, 2007

Direito do Ambiente, INA, Lisboa, 1994

Estudios de Derecho Ambiental Europeo, Pamplona, 2005

Estudos de Direito do Ambiente (Actas), Publicações da Universidade Católica, Porto, 2003

Il danno ambientale (Convegno), Milano, 1989

Paysage et Développement Durable : Les Enjeux de la Convention Européenne du Paysage, Strasbourg, 2006

Textos (Ambiente e Consumo), vols. I e II, CEJ, Lisboa, 1996

Textos, vol. I (1990-91) e vol. II (1992-93), CEJ, Lisboa

V. CARRIERO, *La funzione sociale della proprietà nelle aree protette*, Napoli, 2005

VASCO PEREIRA DA SILVA, *Responsabilidade Administrativa em Matéria de Ambiente,* Lisboa, 1997

VASCO PEREIRA DA SILVA, *Verde Cor de Direito – Lições de Direito do Ambiente,* Coimbra, 2002

VASCO PEREIRA DA SILVA / JOÃO MIRANDA, *Legislação de Direito do Ambiente,* Coimbra, 2004

VASCO PEREIRA DA SILVA, *A Cultura a que tenho Direito. Direitos Fundamentais e Cultura,* Coimbra, 2007

III

**O DIREITO DO AMBIENTE E A GLOBALIZAÇÃO
Implicações metodológicas
e algumas complexidades dogmáticas**

III. O Direito do Ambiente e a globalização: implicações metodológicas e algumas complexidades dogmáticas

A globalização faz sentir vistosamente os seus efeitos no Direito. Colocar inicialmente o fenómeno da globalização equivale a problematizar, entre muitas outras coisas, o princípio da legalidade e do âmbito e eficácia territorial do poder jurídico do Estado (de Direito). Ora, esta realidade impõe, de forma inexorável, a questão de uma nova metodologia jurídica.

Ser jurista num mundo globalizado obriga a operar com uma outra metodologia. Com efeito, assiste-se na esfera jurídica a uma mutação genética do Direito: mudam os actores do processo jurídico [11], alteram-se as modalidades e procedimentos de produção e funcionamento das normas jurídicas, transformando radicalmente o mundo jurídico.

A globalização trouxe um dado novo: os ordenamentos jurídicos nacionais só podem ser pensados e compreendidos no âmbito de outros sistemas mais complexos e amplos.

---

[11] Fala-se em 1850 actores internacionais, incluindo Estados, organizações internacionais, empresas multinacionais, associações privadas de âmbito internacional. Cfr. S. CASSESE, *La Globalización Jurídica*, tr. esp., Madrid, 2006, p. 19.

Esta realidade, dando como exemplo a União Europeia, comporta uma série de efeitos, entre os quais o da integração alterar a natureza e as características das entidades agregadas.

É o que sucede, por exemplo, com o Poder Judicial. Curiosamente, esta nova metodologia aproxima-se bem mais do sistema de *common law* e até do direito comunitário, que é, em boa parte, um direito judiciário e afasta-se da tradição dos países de *civil law,* onde o Direito se concebe como um conjunto de imperativos legitimamente impostos, em que o princípio da legalidade-juridicidade é a *ratio suprema* da tradição jurídica [12].

A argumentação que está na base da construção jurídica do sistema continental é substituída, a nível global, por um direito extrajudicial baseado na negociação, no contrato ou na arbitragem [13]. Neste sentido, os actores principais já não são tanto os juízes ou a academia (o jurista e académico) mas o *expert* do mundo global.

Poderíamos mesmo avançar a ideia de que a globalização tende a substituir a linguagem do Direito e dos direitos pela linguagem dos interesses, ainda que vozes autorizadas (como *Cassese* [14]) tendam a convencer-nos que a técnica do *due process of law* conduza igualmente à globalização dos direitos dos cidadãos [15].

---

[12] Em sentido próximo, S. CASSESE, "Lo spazio giuridico globale", in *Riv. trim. dir. pubbl.*, n.º 2, 2002, p. 323 e ss.

[13] Cfr., por exemplo, J. COLSON / P.-D. LEMIEUX (coord.), *Le Droit Supranational et les Techniques Contractuelles,* Québec, 1997.

[14] Conferência realizada na Faculdade de Direito da Universidade do Porto a 27 de Abril de 2006.

[15] O nosso *pessimismo ontológico,* que não uma forma de niilismo estético, aconselha-nos alguma reserva. Cfr. sobre esta temática, J. BAUDRILLARD, *La Pensée Radicale,* Paris, 2001. Veja-se, especialmente, M. KOSKENNIEMI, "Constitutionalism as Mindset: Reflections

Temos, então, um Direito *à la carte,* sem Estado, que perdeu o monopólio da criação de normas jurídicas e de resolução de conflitos, um Direito que assume uma dimensão global e transnacional, sendo que, por outro lado, sofre um processo de fragmentação crescente em múltiplos dialectos jurídicos. Para *Teubner,* esta fragmentação sectorial é a característica maior da globalização jurídica, fragmentação já antecipada por *Luhmann* em 1971 [16].

Se assim for, e julgamos que é, a globalização do Direito é sobretudo sectorial e não apenas económica: a arte, a cultura, o turismo ou até o direito do ambiente constituem sistemas autónomos. Surgem, ainda, regimes jurídicos globais de natureza privada que integram a ordem jurídica global sem Estado e contribuem para o seu pluralismo: a *lex mercatoria,* a *lex digitalis,* a *lex retis* são alguns exemplos.

Do ponto de vista metodológico, o Direito da globalização apresenta algumas características particulares [17]: conjunto de normas jurídicas definidoras das regras do jogo de domínios sectoriais [18]; permeabilidade a elementos externos e informais conformadores da conduta individual e colectiva do subsistema respectivo; abertura a novos sujeitos e a novas formas de produção normativa, com recurso ao mecanismo de *autopoiesis* ou de autorege-

---

on Kantian Themes about International Law and Globalization", in *Theoretical Inquiries in Law,* n.º 8, 2007, p. 29.

[16] Cfr. DELMAS-MARTY, *Trois Défis Pour un Droit Mondial,* Paris, 1998, pp. 76 e ss e 108.

[17] Cfr., entre outros, O. FAVOREAU, "Valeur d'option et flexibilité: de la rationalité substantielle à la rationalité procédurale", in P. COHENDED / P. LLERENA, *Flexibilité, Information et Décision,* Paris, 1989, p. 121 e ss.

[18] S. CASSESE, *La Globalización..., op. cit.,* p. 153 e ss.

neração [19]; existência de regimes jurídicos não estatais de índole autónoma; desenvolvimento, em regra, a partir da periferia do sistema jurídico, com a correspondente perda de centralidade do poder jurídico do Estado e dos sujeitos de direito público; auto-suficiência normativa dos regimes sectoriais, com a possibilidade de criarem normas primárias especializadas ou normas secundárias de forma constitucionalmente não formalizada – regras, critérios de legitimação e sanções jurídicas [20]; a lógica do sistema (sectorial e autónomo) substitui a mentalidade unitária da ordem jurídica propriamente dita; dificuldades na individualização das normas aplicáveis em consequência do pluralismo e desalinhamento das fontes e dos mecanismos normativos e hermenêuticos: contratos estandardizados, consensos informais, acordos, procedimentos não vinculativos, etc. [21]; trata-se de um Direito de chances em que os agentes utilizam igualmente critérios e padrões de rentabilidade inspirados na teoria dos jogos; redefinição do papel do juiz, em consequência da perda de capacidade ordenadora e conformadora da ordem jurídica. O juiz napoleónico deu lugar a um juiz com uma ampla discricionaridade; uma profunda alteração dos métodos e técnicas interpretativas do direito e da sua aplicação. A interpretação literal ou gramatical dá lugar a uma interpretação teleológica de racionalidade mínima; a função do juiz

---

[19] Cfr. M. SHAPIRO / A. STONE SWEET, *On Law, Politics and Judicialization,* Oxford, 2002, que salientam a importância dos órgãos arbitrais e do juiz internacional na recriação dos princípios gerais do direito.

[20] S. CASSESE, *Lo spazio giuridico globale,* Roma-Bari, 2003, p. 37.

[21] Uma espécie de *governance*. Cfr., por exemplo, R. KEOHANE, "Governance in partially globalized world", in *Amer. Pol. Sc. Rev.*, n.º 95, 2001, p. 2 e ss.

adquire uma importância transcendente na defesa dos direitos fundamentais do cidadão, como ocorre com o Tribunal Penal Internacional ou com a criação de tribunais internacionais especializados; curiosamente, também a justiça constitucional mais importante tende a deixar de ser a do Tribunal Constitucional mas a da justiça administrativa, enquanto direito comunitário concretizado, esbatendo-se as fronteiras entre ambas [22].

Se isto é assim, impõe-se travar, no âmbito do direito administrativo, uma batalha cultural e jurídica decisiva em torno de um programa mínimo, como *extrema ratio* de um direito público a favor dos mais débeis e da tutela dos bens fundamentais dos cidadãos e da ética jurídica [23]. Como não temos o optimismo epistemológico de *Cassese,* nem o seu talento, creio que a aparente competição entre os vários ordenamentos jurídicos é apenas a máscara dos interesses e da economia do mais forte [24]. Uma espécie de nova Idade Média sem Papa ou refeudalização do Direito.

Num Direito global e de massas, vemos como muito oportuna e útil a criação judicial do precedente judicial. Pensamos mesmo que esta técnica na justiça administrativa produziria melhores resultados do que os processos em massa (artigo 48.º do CPTA) ou a técnica prevista no artigo 161.º do mesmo CPTA, com a extensão dos efeitos

---

[22] Deduzimos a nossa tese da leitura de L. FAVOREU / T. RENOUX, *Le Contentieux Constitutionnel des Actes Administratifs,* Paris, 1992, p. 13 e ss.

[23] Precocemente, H. WELZEL, *Naturrecht und Materiale Gerechtigkeit,* Heidelberg 1962, pp. 45 e ss e 165, que traz à colação a máxima de HOBBES, segundo a qual *auctoritas non veritas facit legem*. Trata-se, no fundo, de conceber a legitimidade na sua radicação europeia.

[24] J. SHIHATA, "The changing role of the State and some related governance issues", in *Rev. Eur. Dr. Publ.*, n.º 11, 1999, p. 1462 e ss.

das sentenças a terceiros, ou com a consagração das alçadas (artigo 6.º do ETAF); ou ainda, por exemplo, os mecanismos estabelecidos nos artigos 93.º, 148.º e 152.º do CPTA.

Não deixa de ser curioso que um dos factores da crise da justiça, inclusive administrativa, não deixe de ser uma hiperlitigância, precisamente num momento em que se afirma diariamente a descrença na justiça e nos tribunais.

Se há que evitar o abuso do direito de acção ou a existência de processos supérfluos, a verdade, paradoxalmente, está no reconhecimento da independência e neutralidade do juiz, garantias que o cidadão não encontra nas tão propagandeadas técnicas extrajudiciais de resolução de litígios. O contencioso ambiental tem aí um papel relevante em defesa da cidadania.

Se a justiça ambiental faz parte da justiça administrativa [25], não será inútil chamar a atenção para as suas peculiaridades em matéria ambiental. Referimo-nos, por exemplo, às possibilidades inevitáveis que se abrem, em obséquio aos princípios da prevenção e da precaução, à acção popular, sob a forma de intimação para a protecção de direitos, liberdades e garantias (artigo 109.º e segs. do CPTA) ou ao uso alternativo e principal dos processos cautelares (artigos 121.º e 131.º) [26].

---

[25] Cfr. o artigo 6.º da Lei n.º 13/2002, de 19 de Fevereiro, que aprovou o novo ETAF, que veio alterar o artigo 45.º da Lei n.º 11/87, de 7 de Abril (Lei de Bases do Ambiente). Sobre este ponto, cfr. CARLA AMADO GOMES, *Textos Dispersos de Direito do Ambiente*, Lisboa, 2005, p. 251 e ss.

[26] Aliás, pelo menos numa situação, o STA, não obstante não admitir a revista do Acórdão do TCN, veio dar o seu aval à convolação do processo cautelar em processo urgente para a protecção de direitos, liberdades e garantias, devendo seguir os termos previstos no artigo 109.º e ss do CPTA – Acórdão do STA, de 18/09/2007 – sendo que não

Neste ponto, como noutros, é importante o papel da jurisprudência que tem tido uma actuação, compreensível à luz do novo contencioso, nem sempre uniforme na interpretação e aplicação processual dos artigos 109.º e seguintes do CPTA, sendo que, pelo menos inicialmente, parece ter optado por um entendimento restritivo deste processo urgente à luz de uma interpretação gramatical do artigo 20.º/5 da Constituição: "Para defesa dos direitos, liberdades e garantias pessoais...". Ora, o direito ao ambiente-paisagem é um direito subjectivo fundamental e inalienável [27].

---

se havia invocado a violação dos princípios do dispositivo, do contraditório e da igualdade das partes ou a omissão de actos essenciais.

A propósito da antecipação da decisão de mérito, merecem relevo a sentença do TAF do Porto, de 23/02/2007, e o Acórdão do TCN, de 26/07/2007, uma vez que as decisões judiciais versam sobre a enigmática figura prevista no artigo 121.º do CPTA.

Neste contexto, é também destacável o Acórdão do STA, de 4/10/2007, ainda que se tenha recusado a falar directamente da curiosa figura processual desenhada no já referido artigo 121.º do CPTA.

[27] Cfr., por exemplo, os Acórdãos do STA, de 18/11/2004, P. 0978/04, e de 8/4/2006, P. 035/06; ou ainda os Acórdãos do TCN, de 26/1/2006, P. 01157/05. OBEBRG, e do TCS, de 2/6/2005, P. 00773/05.

Se não estamos em erro, esta intimação especial teve pleno acolhimento no Acórdão do TCN, de 8/02/2007, que condenou a Ordem dos Advogados a marcar novo exame para dia compatível com a confissão religiosa da autora.

Na generalidade dos casos, por impropriedade do pedido ou do meio processual não foi bem sucedida.

De todo o modo, para além do eventual equívoco de alguma doutrina sobre o Acórdão do STA de que foi relator o Conselheiro Santos Botelho (o interesse pessoal não tinha o sentido que lhe veio a ser atribuído), o que se impõe assentar quanto à utilização da intimação para a protecção de direitos, liberdades e garantias, é que se deve tratar de um direito fundamental não meramente instrumental.

De resto, uma interpretação restritiva poderia ser mesmo inconstitucional, sendo que o TC já afastou uma interpretação subsidiária deste meio processual.

Em síntese, a globalização do Direito coloca a questão de restituir o que parece ser a sua racionalidade ameaçada.

Para uns, estamos numa situação crítica passageira que não inviabiliza o restabelecimento do equilíbrio inicial da ordem jurídica. Neste sentido, operam a teoria da cultura e do direito globais, os modelos sistémicos da sociedade global ou mesmo as teses institucionalistas da filosofia do direito.

Para outros, o entendimento prevalecente assenta na renúncia a uma racionalidade única do universo jurídico global. Parece ser esta a tese de *Teubner,* que afasta a hipótese da unidade da doutrina jurídica, reduzida a uma mera quimera [28].

Para os pós-modernos, o problema verdadeiramente não se põe. Baseados no seu vistoso pluralismo jurídico, defendem a existência de diferentes lógicas para os diversos subsistemas, evitando-se, assim, qualquer incómoda conflitualidade.

Como é óbvio, as preocupações que expressamos não têm sentido numa óptica pós-moderna, bastando assinalar, soberanamente, a crise do Direito e da sua legitimidade.

No nosso modo de ver as coisas, impõe-se a defesa de um direito administrativo do ambiente mínimo global, assente numa linguagem comum e num programa que tenha por base a função ordenadora-democratizadora de um procedimento administrativo padrão, acompanhado de garantias procedimentais e processuais fundamentais.

Cfr. o Acórdão do TC n.º 5/2006, de 3 de Janeiro, DR, II Série, de 15/2/2006.

[28] G. TEUBNER, "Substantive and Reflexive Elements in Modern Law", in *Law and Soc. Rev.,* 1993, p. 241 e ss.

Sem uma linguagem conceptual e instrumentos procedimentais e processuais comuns e garantísticos, não vemos como seja possível restabelecer a racionalidade do direito administrativo do ambiente num mundo globalizado mas intensamente fragmentado.

O direito do ambiente, na sua dimensão publicística, está numa posição privilegiada para responder aos reptos de uma sociedade de risco global, confrontada com múltiplos problemas sectoriais.

Sendo o seu objecto cada vez mais global, os instrumentos jurídicos vocacionados para a tutela do ambiente devem ser também eles comuns. Apesar da sua juventude, a sua linguagem jurídica apresenta uma plasticidade conceptual capaz de se moldar à universalidade das questões que enfrenta, como de resto parece ser possível no universo jurídico crescentemente homogéneo da União Europeia, apesar das diferenças culturais e jurídicas introduzidas pelos novos Estados-membros.

Postos perante uma imensidão de dificuldades, aconselhamos, a quem nos ouve e lê, a prudência e a humildade socráticas. *Sócrates só* sabia que não sabia nada. Mas, se nada sabia, como poderia saber que nada sabia? Esta tese paradoxal encerra algo do melhor da metodologia do ensino e da investigação: a dúvida, que *Descartes* veio a chamar de (dúvida) metódica.

A dúvida metódica constitui um belo método para separar o trigo do joio. Uma certa rebeldia científica perante a verdade instituída tem servido à humanidade para progredir no conhecimento, precisamente em oposição a *Popper* que sustenta(va) uma visão continuísta e cumulativa do desenvolvimento científico [29].

---

[29] K. POPPER, *Congetture e confutazioni,* tr. it., Bologna, 1972, p. 297 e ss.

Preferimos antes a tese da crise ou da ruptura epistemológica, que proporciona saltos qualitativos na concepção da vida e do Direito.

A dúvida metódica que sustentamos (metodologicamente) não é uma dúvida paralisante, antes o inverso. Como defendiam os cépticos da Academia de *Platão,* frente às críticas dos estóicos, defensores da verdade-verdadeira e certa, argumentamos que a dúvida não é incompatível com a acção esclarecida e metódica. Como veremos mais adiante, ao tratar do princípio da precaução, a Administração, o juiz e os particulares vêem-se, frequentemente, confrontados com a incerteza e a dúvida numa sociedade de risco, como é a actual.

Como se constatará, esta situação complexa põe delicados problemas ao controlo jurisdicional da actividade administrativa técnica e discricionária em matéria de tutela do ambiente. Nesta questão, ganha sentido a cláusula (dos riscos) de progresso, sendo que o estado de conhecimento da ciência e da técnica existentes *não é o estado da legislação,* que se afirma *obiter dictum* depois dos factos. Em extrema síntese, para comprovar o grau de conhecimento da ciência não bastará argumentar com a existência ou não de normas jurídicas aplicáveis ao caso concreto. Ao tribunal competirá verificar se o processo está bem instruído e documentado cientificamente para julgar da bondade da actuação da Administração, tomando como referência os parâmetros científicos e técnicos mais avançados a nível global. É o princípio-dever da boa administração em matéria ambiental.

É também a referida cláusula evolutiva dos riscos tecnológicos que está na base do licenciamento das actividades industriais perigosas (autorizações por um prazo determinado, por exemplo) e da sua revogabilidade e renovação, em função da variabilidade do interesse público ambiental e dos pressupostos de facto e de direito. Outra possibilidade é a das medidas dilatórias ou diferidas, o que deve obrigar a regimes especiais em relação ao silêncio positivo que é, por si mesmo, uma patologia dogmática e normativa.

Retardando, preventivamente, a adopção do acto autorizativo, convém pôr algumas cautelas. Primeiro, pode ser um regime em expansão se se tem em conta que a regulação em domínios como os das licenças e autorizações tende inexoravelmente a esvaziar-se de referências materiais em função da crescente complexidade tecnológica. Esta tendência vem claramente advertida no regime de autorização ambiental integrada [30], onde se remete, como principal critério material, para a melhor tecnologia disponível.

Em segundo lugar, as medidas que se adoptem à luz dos princípios da prevenção e da precaução não são apenas medidas de carácter negativo ou dilatórias, mas também medidas revogatórias ou correctoras.

Por último, alguma prudência aconselha a insistir na natureza dilatória deste tipo de actos autorizativos, bem como na sua revisão. Podendo ser, na maioria dos casos, medidas excepcionais e gravosas, haverá que fazê-las acompanhar com medidas equitativas e reparadoras dos danos causados aos (eventuais) beneficiários dos actos administrativos e a terceiros.

Repare-se que o velho direito de polícia deu lugar a uma crescente actividade reguladora (regulação), que desmente a uniformidade das teses desreguladoras e deslegalizadoras. O ambiente constitui um campo jurídico onde

---

[30] Cfr. J. PONCE SOLÉ, "Prevención, precaución y actividad autorizatoria en el ámbito del medio ambiente", in *Rev. Der. Urb. y Med. Amb.*, n.º 183, 2001, p. 148 e ss.

essa retracção não se verifica, como acontece notoriamente a nível económico e mesmo aí com algumas matizações.

À dinâmica da intervenção administrativa do Estado norma-acto parece substituir-se, normativamente entendida, a dinâmica acto-norma, em função da cláusula de progresso técnico-científico.

Os desafios dogmáticos e processuais são muitos e complexos. A doutrina, mas também a jurisprudência, têm aqui um papel decisivo, em especial o princípio da proporcionalidade, na avaliação por excesso ou por defeito das cautelas técnicas e científicas postas no acto autorizativo.

Somos dos que pensam que uma das tarefas principais da doutrina é, hoje, conter o que poderíamos chamar *reform euphoria,* convertida em *função pública permanente,* tantas vezes de aplicação catastrófica, sobretudo num país de modas e de pouco estudo e reflexão [31].

Creio que a jurisprudência, quando confrontada com o princípio da precaução, deve ser razoavelmente minimalista, numa sábia compatibilização da virtualidade jurídica expansiva do princípio com uma aplicação prudencialmente contida, não necessariamente restritiva, que sempre assentaria no estabelecimento de uma *probatio* diabólica (prova absoluta).

---

[31] Falta uma *teoria* da reforma administrativa. Os reformadores conhecem mal o seu principal efeito – a destruição –, eliminando equilíbrios subtis mas vitais das entidades administrativas. Uma reforma administrativa deve ser presidida pelo interesse público, de outra forma é uma forma de extermínio da Administração e do seu fundamento teleológico. Não sabemos se isto é visível à *imensa pequenidade* que nos governa.

IV

AS BASES DO DIREITO PÚBLICO DO AMBIENTE

1. O tempo como elemento enformador do direito público do ambiente e da sua tutela

A delicada natureza do objecto do direito do ambiente e dos direitos envolvidos leva-nos, na construção dogmática da disciplina, a partir da noção de *tempo*. A relação entre a ciência jurídica e a realidade é estabelecida pelo tempo. O tempo é um componente essencial do facto jurídico, do agir administrativo e da respectiva tutela jurisdicional: o tempo do procedimento administrativo (artigo 58.º do CPA) e o tempo da tutela e autotutela administrativas (artigos 108.º, 109.º, 140.º e segs. e 158.º e segs. do CPA); o tempo da tutela jurisdicional, que na nossa disciplina ganha uma pregnância especial (por exemplo, os artigos 9.º/2, 109.º e segs., 112.º e segs., 121.º e 131.º do CPTA); o tempo do interesse público e o tempo irrepetível da pessoa humana e dos seus direitos fundamentais (artigos 24.º e segs. e 266.º e segs. da CRP); o tempo da prudência e da reconstrução dos factos para uma decisão justa; o tempo dos bens naturais e da sua autoregeneração. Outros exemplos poderiam ser dados, mas julgo que é suficiente [32].

---

[32] Continuamos aqui uma reflexão já iniciada há algum tempo. Cfr. COLAÇO ANTUNES, *Para um Direito Administrativo de Garantia do Cidadão e da Administração – Tradição e Reforma,* Coimbra, 2000, p. 88 e ss.

A evolução da sociedade, das instituições e do ordenamento jurídico tem feito emergir, no mundo do direito público, a pessoa concreta, os seus comportamentos e as suas histórias, oferecendo uma nova vitalidade à ciência jurídica e ao seu objecto.

Creio poder dizer-se que, a todos os níveis, o direito descobre o tempo. Com o tempo, entram no mundo do jurídico e, por maioria de razão, no direito do ambiente, os eventos, as imprevisibilidades, o risco e a instabilidade. Daí a importância procedimental e processual dos princípios da prevenção e da precaução.

A inquietude do nosso objecto não é alheia aos nossos desafios epistemológicos e às nossas fragilidades e inquietudes. Mas também a segurança, tal como acontece nas ciências experimentais, de sabermos que a instabilidade das noções científicas não comporta o arbítrio ou a ignorância. É, aliás, a elaboração conceptual que torna possível superar a oposição redutora entre o objecto e a razão suficiente [33].

Com efeito, a ciência jurídica e, em particular, o direito (público) do ambiente, debruça-se sobre uma realidade rica em contradições e contrastes, cuja história é feita de homens para resolver e compor interesses dos homens [34].

O objecto da nossa disciplina, apesar do formalismo que caracteriza a ciência jurídica, é tudo menos inanimado. Repare-se que o direito público tende a assumir-se, cada vez mais, como ciência da experiência administrativa, colhendo o direito administrativo no seu modo pecu-

---

[33] As normas, como a sua forma, são *criaturas do tempo*, para utilizar a esplêndida expressão de DILTHEY ou, recorrendo ao nosso SPINOZA, *unusquisque tantum juris habet, quantum potentia valet* (*Tractatus Politicus*, II, p. 8).

[34] M. S. GIANNINI, *Diritto amministrativo*, Milano, 1993, p. 57.

liar de formação como direito, logo, atento à sua génese, ao (seu) conteúdo e aos fins. É esta lógica que explica a função dos institutos administrativos [35].

A "realidade", complexa, plural e instável, entra no admirável mundo do direito pela via temporal, obrigando à alteração genética do observador passivo em sujeito activo, tanto no plano procedimental como no plano processual.

A superação das teses mais vincadamente normativistas oferece-nos a possibilidade de uma nova concepção objectiva do facto e da actividade administrativa, permitindo a superação de uma visão meramente normalizadora ou narrativa da ciência jurídica e do seu objecto. *A ideia não é ser um notário da ciência jurídica.*

Não se advoga aqui qualquer tipo de optimismo epistemológico, muito em voga, segundo o qual a verdade é sempre um ente subjectivamente individualizável, porque manifesto [36]. A utopia da verdade manifesta encobre o seu ponto de partida rousseauniano, para quem "a humanidade deve ser obrigada a ser livre" [37]. Esta tese está hoje, curiosamente, na base do furor neoliberal e mercantilista e de uma concepção autoritária do poder.

Deparamos, assim, com o regresso do lado obscuro da concepção iluminista da relação entre meios e fins e, por consequência, da razão calculante, transformada em poder público e na sua legitimação.

---

[35] M. NIGRO, "Scienza dell'amministrazione e diritto amministrativo", in *Riv. trim. dir. proc. civ.*, 1968, p. 678.

[36] K. POPPER, *Le fonti della conoscenza e dell'ignoranza*, tr. it., Bologna, 2000, p. 44.

[37] M. HORKEIMER / T. V. ADORNO, *Dialettica dell'illuminismo*, tr. it, Torino, 1997, p. 10 e ss. O problema paradoxal do iluminismo está em usar as mesmas armas da tradição que queria combater, elevando a racionalidade à categoria de mito.

Se não vemos mal, o elemento distintivo do direito público do ambiente não está tanto no reconhecimento de um direito justo como no justo procedimento e processo administrativos com os seus institutos garantísticos. É aqui que reside o momento crítico de toda e qualquer ordem jurídica pública, especialmente no âmbito da nossa disciplina.

Feitas as precisões conceptuais e epistemológicas consideradas indispensáveis, vemos agora que o tempo no direito do ambiente nos permite uma nova relação entre o sistema jurídico e o mundo vital [38]. O tempo juridicizado faz parte do nosso objecto na sua dimensão procedimental (preventiva) e processual. A dimensão temporal é hoje um elemento intrínseco à concepção do procedimento e do processo administrativo, com refracções muito importantes ao nível da própria organização administrativa (entidades administrativas de garantia de certos direitos fundamentais, artigo 267.º/3 da CRP).

O tempo da Administração confronta-se agora com o tempo do juiz e da pessoa humana concreta na sua relação com o tempo dos bens objecto de tutela [39]. A vida é como uma corrente que pode faltar a todo o momento. O tempo dá-nos a ideia da finitude do sujeito e dos bens ambientais. A vida é uma espécie de "entre": entre um passado, que já não é, e um futuro que ainda não é [40].

---

[38] Sobre a fractura entre sistema e mundo vital, A. LLANO, *La Nueva Sensibilidad*, Madrid, 1989, p. 39 e ss.

[39] ISABEL FONSECA, *Dos Novos Processos Urgentes no Contencioso Administrativo (Funções e Estrutura)*, Lisboa, 2004, p. 39 e ss. No mesmo sentido, F. ZUCCARO, *Il tempo ed il processo amministrativo*, Milano, 1999, esp. p. 17 e ss.

[40] COLAÇO ANTUNES, *Para um Direito Administrativo de Garantia do Cidadão e da Administração*, op. cit., p. 88 e ss.

Da dimensão subjectiva e substantiva da Administração pública e da sua crescente objectivação (constituindo ao mesmo tempo ser e dever-ser em função do reconhecimento normativo e da (sua) projecção na sociedade) tem dado conta a doutrina, consciente das profundas transformações da organização administrativa. O procedimento tem, aliás, também uma dimensão organizativa, como sede de articulação das competências dos diversos órgãos.

Um aspecto extremamente importante destas transformações da Administração foi o reconhecimento constitucional (artigos 18.º, 266.º, 267.º e 268.º da CRP) dos direitos fundamentais do cidadão como princípio ordenador da sua organização e da sua actividade. A centralidade dos direitos fundamentais, bem como dos interesses legalmente protegidos, não é indiferente à necessidade de uma *Administração humana, afectuosa, feminina* [41].

Creio que estas afirmações resultam não apenas compatíveis mas também complementares com a ideia da crescente atenção do ordenamento jurídico à sua dimensão concreta e particular. Dito de outra forma, o direito faz-se realidade vivente através das pessoas concretas e do seu devir existencial.

Note-se que o ordenamento jurídico é observável e reconhecível de vários pontos de vista, côncavo-convexo; próximo-distante; fora-dentro; antes-depois; unitário-pluralista e por aí adiante. Que a realidade é objectivamente complexa – feita de pessoas, grupos, instituições, normas, autoridade – parece uma evidência, por vezes trágica. Que não podemos ter a pretensão de colher toda a realidade, é igualmente uma asserção razoável e prudente.

---

[41] Literalmente, U. ALLEGRETTI, *Amministrazione pubblica e costituzione,* Padova, 1996, p. 225.

Sem omitir a visão do direito administrativo e dos seus fundadores, que é ainda hoje vigente, não podemos fechar os olhos ao novo mundo dos direitos, das esperanças e inquietudes humanas, que são hoje parte integrante da dogmática jurídica. À objectividade e atemporalidade devemos acrescentar e, por vezes, substituir a factualidade, a especialidade e a temporalidade como novos modos de ser do direito e dos sujeitos jurídicos.

A ausência desta componente jurídica não só mutilaria o ordenamento jurídico (como conjunto de princípios, normas e institutos) como faria das novas qualificações jurídicas (direito ao ambiente e qualidade de vida) uma forma perversa de reduzir a realidade à sua dimensão objectiva (ou apenas à sua dimensão subjectiva) e, por consequência, limitar a sua tutela jurisdicional (incluindo o interesse público e não apenas as posições jurídicas dos particulares).

Não se trata, como parece óbvio, de compreender os eventos, a complexidade e o risco fora do mundo do Direito, mas antes decantar os novos modos de evitar que o seu ingresso na actuação das autoridades públicas determine um comportamento arbitrário ou irrazoável da Administração.

Estas formas e modos de ser do Direito têm obrigado a rever algumas categorias do direito administrativo, em razão da especificidade e delicadeza conceptual do direito do ambiente.

Deixando para mais tarde outros desenvolvimentos (como consta do itinerário pedagógico-científico), resumamos agora, num ápice iluminante, a importância temporal do procedimento administrativo e a captação dos factos para a decisão (ambiental); como passado: a instrução; como futuro: a eficácia; e no presente (entre passado e futuro) o acto final e constitutivo do procedimento.

Um momento essencial da reconstrução dos critérios, das normas e dos factos que subtraiam a dogmática do agir administrativo ao perigo da arbitrariedade é constituído pelos princípios que regem a actividade administrativa (sobretudo discricionária) – artigo 266.º da CRP e artigo 3.º e seguintes do CPA [42].

A redescoberta dos fins da organização e da actividade administrativa [43], a exigência de conseguir resultados justos e equitativos, chamando os cidadãos a participar e valorizando os seus direitos e garantias procedimentais são princípios fundamentais do Estado de Direito Administrativo.

Como antes se recordava, o CPA veio temporalizar *ab intra* os actos administrativos. As normas sobre a fase instrutória (artigo 86.º e segs.) e a participação (artigo 100.º e segs.), lidas conjugadamente com as normas sobre a fundamentação do acto (artigo 124.º e segs.), consagram, a nível legislativo, a necessidade de uma séria e completa reconstrução dos factos e dos interesses envolvidos. Ora esta realidade constitui a base substancial do acto, sobre a qual os actos administrativos produzem os seus efeitos.

Efeitos jurídicos que se movem numa dimensão não apenas abstracta e atemporal mas também temporal e concreta, como resultado do requisito da eficácia do acto administrativo (artigo 127.º e segs. do CPA).

A consideração normativa da reconstrução e qualificação (jurídica) dos factos, mesmo que não encontrem na lei uma prévia e expressa qualificação, dá relevo ao tempo como passado-presente e como objecto real da actividade

---

[42] COLAÇO ANTUNES, *A Teoria do Acto e a Justiça Administrativa – O novo contrato natural*, Coimbra, 2006, pp. 161 e ss e 206 e ss.

[43] A. ROMANO, "Introduzione", in *Diritto amministrativo*, vol. I, Bologna, 1993, p. 59 e ss.

administrativa [44]; a consideração dos efeitos jurídicos e do resultado material dá relevo ao tempo como presente-futuro e ao espaço, numa perspectiva tridimensional na qual convivem pessoas concretas, os seus direitos e deveres e os bens jurídicos objecto de tutela, portanto, juridicizados.

A crescente juridicização do resultado (fala-se agora de uma Administração de resultados, que não pode afastar, pelo contrário, o princípio da juridicidade da sua actividade, artigos 267.º/2 da CRP e 10.º do CPA), dando relevo aos factos no seu devir e aos efeitos produzidos, na realidade obriga (agora) a uma (re)leitura substancial da captação e ponderação dos factos e dos interesses legítimos envolvidos no procedimento. As normas sobre a instrução e a audiência dos interessados têm aí um papel decisivo, trazendo essa realidade para o passado-presente e permitindo, o que é muito relevante, a melhor realização do interesse público não só com o menor sacrifício das posições jurídicas subjectivas mas também com a máxima tutela possível.

Recorde-se que, no procedimento administrativo, uma das perspectivas dominantes é a tutela preventiva dos direitos e interesses legalmente protegidos.

Assim sendo, o procedimento administrativo veio permitir um elevado nível de juridicização do *como* se pode fazer para tomar boas decisões sem sacrifícios inúteis dos direitos dos cidadãos. A crescente juridicização do princípio da boa administração [45] veio trazer um novo

---

[44] COLAÇO ANTUNES, *A Teoria do Acto e a Justiça Administrativa, op. cit.* p. 182 e ss.

[45] Sobre o princípio da boa administração, recentemente, entre nós, P. OTERO, *O Poder de Substituição em Direito Administrativo*, vol. II, Lisboa, 1995, p. 639 e ss. Ainda mais recentemente, AROSO DE ALMEIDA, "O Provedor de Justiça como garante da boa administração", in *O Provedor de Justiça – Estudos,* Lisboa, 2006, p. 24 e ss.

sentido normativo à distinção entre administrar bem e administrar mal: o mérito juridifica-se e torna-se, assim, menos incontrolável do ponto de vista jurisdicional [46].

Direito de ser ouvido, confronto leal dos interesses envolvidos, escolha de soluções menos gravosas, respeito pela dignidade própria e de terceiros constituem a dimensão humana (nem objectiva, que importaria a dissolução do sujeito no objecto, nem subjectiva, que conduziria à absorção do objecto pelo sujeito) das normas disciplinadoras da Administração nas suas vertentes organizativa e procedimental.

Tudo o que antes dissemos é válido, em geral, para toda e qualquer actividade administrativa, ganhando, contudo, outra pregnância no campo da nossa disciplina.

Pensando no direito do ambiente em particular, o tempo pode ter uma outra implicância fundamental: *a relação entre o procedimento e o processo administrativo*.

Não dissertando sobre as várias teses sobre esta relação, o que já foi feito pela doutrina (portuguesa e estrangeira), o que queremos perceber e problematizar é se a distinção e autonomia que separa os dois institutos tem *aqui* o mesmo sentido.

A nosso ver não. A questão não tem a ver com a simetria ou assimetria entre o procedimento e o processo administrativo. O problema não está tanto na relação entre o percurso procedimental e o percurso processual, na medida em que se trataria de interpretar um percurso sobre o modelo do outro, mas na questão da continuidade ou descontinuidade entre o direito substantivo e o direito

---

[46] COLAÇO ANTUNES, *Para um Direito Administrativo de Garantia do Cidadão e da Administração*, op. cit, p. 93.

adjectivo ou processual [47]; isto é, na transponibilidade das posições substantivas das partes e do seu substrato material no e para o processo (artigo 55.º/3 do CPTA).

Esta parece-me ser a questão central da relação entre procedimento e processo administrativo no direito do ambiente, porque a natureza poligonal da relação jurídica administrativa (de que falaremos mais adiante) permite que uma boa parte das posições jurídicas reveladas procedimentalmente e manifestadas no processo nem sempre se distingam da típica contraposição com o interesse público (para além de poderem densificar posições jurídicas "menores" como o interesse legítimo).

A doutrina pura do direito coloca um problema de todo interessante para a nossa disciplina, que é a dinâmica que une (não separa apenas) o *Sollen* com o *Sein*.

A natureza naturalística, se me é permitido dizer assim, e axiológico-normativa do direito do ambiente faz com que o *Sollen* não seja propriamente uma categoria gnoseologicamente transcendental em oposição ao *Sein*. O dever-ser é ainda um não-ser, um vir-a-ser que ainda não é. Por outro lado, no direito do ambiente, a relação entre lei natural e jurídica tende a esbater-se através do dever-ser. Aqui não há separação mas (re)união entre o ser e o dever-ser, entre o direito ao ambiente e o interesse público e daí a especificidade da relação procedimental--processual do cidadão com a Administração.

Um outro contributo parece vir, paradoxalmente, da Escola de Viena, ao acentuar o hiato entre o ordenamento jurídico e o ordenamento moral. Esta Escola do pensamento jurídico apresenta-nos um outro dado relevante, hoje muito controvertido no plano da justiça adminis-

---

[47] Cfr. P. DURET, *Participazione e legittimazione processuale*, Torino, 1996, p. 113 e ss.

trativa, que é o de pensar que a distinção entre a Administração e a jurisdição é, em boa medida, fruto de um preconceito (que assenta na *lei* toda a produção jurídica), omitindo a realidade jurídica constituída por um bloco normativo global.

Repare-se que, embora a doutrina germânica contemporânea não aprecie a identidade entre procedimento e processo, do ponto de vista linguístico as noções de *Verwaltungsakt* (acto administrativo) e de *Urteil* (sentença) podem ser resumidas no conceito geral de *Verfügung,* sendo que também se utiliza a expressão *Auspruch* (decisão). Creio que do ponto de vista hermenêutico este facto é relevante, sendo que a doutrina alemã é frequentemente obrigada a admitir que o conceito fundante (*Wesen*) de inopugnabilidade do acto administrativo (*Bestandskraft*) e de caso julgado formal (*formellen Rechtskraft*) seja substancialmente comum. A doutrina usa a expressão *Wesensverwandtschaft,* que significa parecença essencial [48].

Dito isto, a procedimentalização da actividade administrativa no direito do ambiente não torna apenas visível o poder administrativo, torna igualmente transparente e participado o interesse público através dos interesses difusos. Curiosamente, para esta realidade muito contribuiu a introdução no procedimento administrativo da cultura dialéctica do processo.

O direito procedimental do ambiente atenua ainda a distância entre os direitos de liberdade clássicos, de feição negativa, e os direitos positivos. A *deregulation* sofre aqui uma forte inibição da sua lógica liberalizadora.

---

[48] P. BADURA, "Das Verwaltungsverfahren", in *Allgemeines Verwaltungsrecht*, Berlin, New York, 1988, p. 438.

O *teorema de Coase* tende a ser integrado, fazendo do direito do ambiente não um prelúdio estático da acção económica mas um dado essencial e tonificante das decisões administrativas, com refracções no ambiente e na paisagem. As partes do procedimento têm agora uma linguagem comum (pelo menos parcialmente), de modo a atingir uma solução satisfatória para ambos os lados.

Neste contexto, as partes devem aceitar o *limite das coisas* (e da sua natureza), mais do que a natureza das coisas, devendo a Administração assumir um papel semelhante ao do juiz administrativo. Se este procura a solução justa para o litígio, presidida pela intenção axiológica (*Castanheira Neves*), aquela procura compatibilizar a melhor realização do interesse público com a mais adequada protecção das posições jurídicas dos particulares (artigo 266.º/1 da CRP).

De resto, como sempre temos advogado, o procedimento é a antecâmara (preventiva) da tutela jurisdicional [49]. Não se procurou tanto pôr a nu as diferenças, óbvias, entre os dois institutos, mas antes tornar compreensível a relação entre o procedimento e o processo no direito do ambiente. Mais adiante, quando tratarmos do princípio da precaução e da tutela jurisdicional, juntaremos outros argumentos à nossa tese.

O direito do ambiente é fundamentalmente um direito procedimental e processual.

---

[49] COLAÇO ANTUNES, *A Tutela dos Interesses Difusos em Direito Administrativo – Para uma Legitimação Procedimental*, Coimbra, 1989.

2. O Estado de Cultura

É nossa convicção que o direito do ambiente, especialmente na sua vertente paisagística, não é pensável senão a partir do conceito de Estado de Cultura. Esta cláusula geral tem no mundo jurídico pelo menos duas vertentes essenciais: a objectiva, como fim do Estado e dos poderes públicos, e a vertente subjectiva, como núcleo da personalidade cívica do indivíduo e dos seus direitos fundamentais.

O momento genético da expressão Estado de Cultura situa-se no pensamento idealista alemão dos inícios do século XIX, tendo como principal referência *Fichte* [50].

O principal contributo de *Fichte* está na conjugação do fim – Estado de Cultura – com a autonomia e a liberdade da cultura.

Esta magnífica intuição é perfeitamente concorde com o moderno entendimento do direito à cultura e dos direitos culturais, nomeadamente a sua dupla dimensão

---

[50] Originalmente, OTMAR JUNG, *Zum Kulturstaatsbefriff. Johann Gottlieb Fichte – Verfassung des Freistaates Bayern – Godesberger Grundsatzprogramm der SPD,* Theisenheim am Glam, 1976. Fazendo eco da doutrina de JUNG, M. VAQUER CABALLERÍA, *Estado y Cultura. La Función Cultural de los Poderes Públicos en la Constitución Española,* Madrid, 1998, p. 41 e ss.

negativa e positiva [51]. Com efeito, os axiomas do *Kulturstaat*, tal como foi concebido pelos idealistas alemães, assentam na ideia de cultura como liberdade individual e como autonomia-abstenção e autonomia-missão [52].

Ainda na Alemanha, o principal expoente da Constituição cultural, *Peter Häberle*, destaca uma outra dimensão relevantíssima – a cultura dos direitos fundamentais [53]. Para este Autor, a Constituição, como fenómeno cultural, não é apenas o texto normativo por excelência mas também o retrato cultural de um povo e da sua identidade [54].

Häberle sustenta que os Estados constitucionais se definem (também) pela sua cultura, ao ponto de a relacionar sistematicamente com a teoria do Estado e dos seus elementos.

A doutrina italiana, através de *Spagna Musso* [55], sem deixar de reflectir sobre a cláusula geral, tem incidido, tal como entre nós, particularmente sobre os vários direitos culturais. Deve notar-se que a Constituição italiana de 1948 consagra, no seu artigo 9.º, a cláusula geral do Estado de Cultura.

A sua relevância axiológico-normativa resulta, segundo a melhor doutrina italiana, da sua colocação entre os

---

[51] M. CORNU, *Le Droit Culturel des Biens (L'intérêt culturel juridiquement protégé)*, Bruxelles, 1996, p. 521 e ss.

[52] M. VAQUER CABALLERÍA, *Estado y Cultura...*, op. cit., p. 45.

[53] Entre várias obras, cfr. P. HÄBERLE, *Kulturverfassungsrecht im Bundesstaat*, Wien, 1980. Quanto à importância deste autor sobre a Constituição cultural, cfr. GOMES CANOTILHO, *"Brancosos" e Interconstitucionalidade. Itinerários dos Discursos sobre a Historicidade Constitucional*, Coimbra, 2006, p. 263 e ss.

[54] P. HÄBERLE, "Verfassungstheorie ohne Naturrecht", in *AöR*, n.º 99, 1974, p. 473 e ss.

[55] SPAGNA MUSSO, *Lo stato di cultura nella Costituzione italiana*, Napoli, 1961.

Princípios Fundamentais da Constituição, sendo que este princípio ganha concreção em vários preceitos constitucionais, especialmente nos artigos 33.º e 34.º.

Em Espanha, a cláusula geral encontra reconhecimento constitucional no artigo 149.º/2, sem prejuízo das atribuições das Comunidades Autónomas [56].

No nosso país, a Constituição, ao incluir uma considerável *Constituição cultural* (artigos 73.º-79.º, entre outras normas dispersas pelo texto constitucional), investe o Estado em Estado de Cultura, contemplando um leque variado e generoso de direitos fundamentais culturais, sendo que, pela sua natureza e arrumação sistemática, não têm todos a mesma valoração axiológico-normativa (cfr., por exemplo, os artigos 43.º e 74.º).

Na Lei Fundamental são perfeitamente reconhecíveis as dimensões positiva e negativa, sendo que o contributo essencial da Constituição está na universalidade dos direitos culturais, conjugada com a natureza cultural do Estado de Direito Constitucional. O Estado garante e promove o direito à cultura e o exercício dos direitos fundamentais culturais como condição essencial do desenvolvimento da personalidade do indivíduo e factor de igualização de oportunidades (artigos 9.º/d), e) e f) e 73.º e segs. da CRP) [57].

A Constituição, como porventura nenhuma outra Lei Fundamental, reconhece e promove os direitos culturais

---

[56] M. VAQUER CABALLERÍA, *Estado y Cultura...*, op. cit., p. 48 e ss.

[57] Sobre esta temática, cfr. JORGE MIRANDA, "A Constituição e o direito do ambiente", in *Direito do Ambiente,* INA, Lisboa, 1994, p. 353 e ss; GOMES CANOTILHO, *Direito Constitucional e Teoria da Constituição,* Coimbra, 2002, pp. 377 e ss e 1239 e ss; JORGE MIRANDA, *Manual de Direito Constitucional – Direitos Fundamentais,* IV, 3.ª ed., Coimbra, 2000; JORGE MIRANDA / RUI MEDEIROS, *Constituição Portuguesa Anotada,* I, Coimbra, 2005, p. 680 e ss.

como fins educativos do Estado de Cultura, num esforço perene de emancipação e dignidade do ser humano.

Assim sendo, uma leitura teorética do texto constitucional descobre-nos os direitos culturais como direitos personalizadíssimos, construção esta que, salvo melhor opinião, radica no melhor de nós – a universalidade e a tolerância.

Curiosa e paradoxalmente, a universalidade dos direitos culturais corre, nos dias de hoje, um perigo enorme posto pela chamada globalização. Dramaticamente, este fenómeno parece não propiciar tanto a universalidade dos direitos como a globalização dos *egos* económicos de muito poucos.

O Estado de Cultura tem, naturalmente, outras expressões, como sucede com a tutela do património cultural e dos elementos que o compõem. Apenas quisemos salientar o que nos parece essencial: a cultura como selo de identidade da pessoa humana e dos povos. Como também quisemos afastar qualquer ideia iluminista da cultura como veículo para a felicidade. Diversamente, entendemos esta expressão como fundamento jurídico-político da convivialidade dos indivíduos em sociedade e motivo de dignidade humana [58].

Numa perspectiva estritamente jurídica, o *Kulturverwaltungsrecht* como forma de concretização da *Kulturverfassung*.

Em jeito conclusivo, poderíamos afirmar que os valores e os direitos culturais permitem ao homem moderno

---

[58] Neste sentido, relacionando os direitos fundamentais com a problemática da multiculturalidade, DIETER GRIMM, "Multikulturalität und Grundrecht", in *Das Recht des Menschen in der Welt: Kolloquium aus Anlaß des 70. Geburtstages von Ernst-Wolfgang Böckenförde*, Berlin, 2002, p. 135 e ss.

uma forma e capacidade de transcendência, ao mesmo tempo que desempenham um papel revigorante da identidade nacional (artigos 1.º e segs., 9.º, 66.º e 73.º e segs. da CRP).

A cultura, como conceito jurídico (indeterminado), ganha positivação como objecto dos direitos fundamentais [59], o que nos permite conceber uma visão humanista e universal do fenómeno cultural e, assim, consolidar-se no campo da ciência jurídica. Afastamos, por outro lado, um *conceito albergue* dos direitos fundamentais, o que desnaturaria a sua *Stufenbau* [60].

Pressuposto comum dos vários direitos culturais é o conceito constitucional de cultura, na medida em que é mais omnicompreensivo e lhes está subjacente [61]. A cultura, em sentido jurídico-constitucional, é passado mas também presente e futuro [62].

Se a cultura dava forma ao Estado e identidade aos povos, agora confrontamo-nos com a dificuldade de interpretar e tutelar os direitos culturais sem Estado. A perda

---

[59] Neste sentido, PRIETO DE PEDRO, *Cultura, Culturas y Constitución*, Madrid, 1995, p. 281.

[60] Com um sentido algo dissolvente, cfr. V. PEREIRA DA SILVA, *A Cultura a que tenho Direito. Direitos Fundamentais e Cultura*, Coimbra, 2007, p. 67 e ss.

[61] Sobre esta complexa temática, MIYER-BISCH (coord.), *Les Droits Culturels*, Fribourg, 1993. Cfr. ainda JORGE MIRANDA, "O Património cultural e a Constituição – tópicos", in *Direito do Património Cultural*, INA, Lisboa, 1996, p. 253 e ss. Ainda J. MIRANDA / / R. MEDEIROS, *Constituição Portuguesa Anotada*, Tomo I, Coimbra, 2005, salientam ainda uma tripla dimensão – direito à criação cultural, direito à fruição cultural e direito de acesso ao património cultural.

Cfr. ainda CASALTA NABAIS, *Introdução ao Direito do Património Cultural*, Coimbra, 2004, p. 88 e ss.

[62] GOMES CANOTILHO / VITAL MOREIRA, *Constituição da República Portuguesa Anotada*, 3.ª ed. revista, Coimbra, 1993, p. 362.

de centralidade do Estado ou mesmo o seu obscurecimento supranacional coloca a dificuldade de repensar todo o direito administrativo cultural e a própria noção de Constituição cultural.

Podemos conceber os direitos culturais sem o Estado e a sacralidade situacional do indivíduo? Sem a sua paisagem? Poderemos conservar a nossa espiritualidade e identidade com uma paisagem unidimensional de girassóis do Alentejo aos fiordes escandinavos? [63]

Estas interrogações não encerram apenas dúvidas, consubstanciam também um método de ensino e uma forma de estar na vida.

Nem *Descartes* nem *Aristóteles*, apenas uma forma de consciência do ser trágico em que nos transformámos.

---

[63] KONRAD HESSE punha uma interrogação semelhante no final do século passado, "Die Welt des Verfassungsstaates. Einleitende Bemerkungen zum Kolloquium", in *Die Welt des Verfassungsstaates. Erträge des wissenschaftlichen Kolloquiums zu Ehren von Prof. Doktor Peter Häberle aus Anlaß seines 65 Geburtstages*, Baden-Baden, 2001, p. 13.

3. O direito do ambiente como direito da complexidade

3.1. As fabulosas origens da complexidade jurídica ambiental

Em Janeiro de 1972, o município de *Los Angeles* decide "plantar" novecentas árvores de plástico ao longo das principais avenidas desta bela e fílmica cidade. Os argumentos invocados são pertinentes: na atmosfera poluída da cidade, as árvores de plástico resistem melhor do que as "verdadeiras árvores", com a vantagem de não perderem a sua coloração verdejante [64].

Neste mesmo fabuloso ano, igualmente na Califórnia, outra história de árvores: opondo-se à implantação, pela sociedade *Walt Disney,* de uma estação de desportos de inverno em *Mineral King Valley,* célebre pelas suas sequóias seculares, a conhecida associação de defesa do ambiente, *Sierra Club,* propõe uma acção que veio a ser rejeitada por falta de interesse processual.

Contrapondo argumentos, *Christopher Stone* elabora um célebre artigo em que propõe o reconhecimento de personalidade judiciária às árvores [65].

---

[64] Cfr. L. TRIBE, "Ways not to think about plastic trees: new foundations for environmental law", in *The Yale Law Journ.,* vol. 83, n.º 7, 1974, p. 1315 e ss.

[65] Tivemos acesso ao estudo através da publicação de CHRISTOPHER STONE, *Should Trees Have Standing? Toward Legal Rights for Natural Objects,* California, 1974, p. 87 e ss.

Este artigo viu a luz do dia pouco tempo antes do Supremo Tribunal norte-americano se pronunciar, com a curiosidade da tese de *Stone* vir rejeitada por uma curtíssima maioria de quatro juízes contra três. Depois das árvores artificiais, as árvores litigantes.

Comentando a deliberação do "Conselho Municipal" de *Los Angeles*, *Tribe* põe a seguinte questão: What's wrong with the plastic trees? A propósito das árvores litigantes podia pôr-se outra questão: What's wrong with the standing trees?[66] Dito de outro modo, o que nos choca nestas histórias de árvores? Teremos perdido definitivamente o sentido da nossa relação-representação com o ambiente, ao ponto de o transformar num mero artefacto?

A questão ambiental está posta. Nesta *era de negligência trágica*, o que pode fazer o jurista, mais exactamente o iuspublicista? Creio que o jurista deve ajudar a evitar a ruptura epistemológica do lugar, pondo *limites* normativos razoáveis e exequíveis. Na ausência do sagrado e na sua actual incapacidade de *religar*, o direito público é dos poucos instrumentos capazes de estabelecer mediações e limites à acção humana irracional.

Tudo se passa como no quadro de *Rembrandt*, a apreciada *Lição de anatomia*. A natureza está morta?

Em jeito de boa dialéctica jurídica, propomos percorrer o nosso itinerário metodológico em três etapas: o ambiente como objecto; o ambiente como sujeito; e o ambiente como paisagem numa relação de interacção entre sujeito-objecto e objecto-sujeito.

Rejeitamos a primeira e a segunda fases. Se tivéssemos que escolher o momento originante da primeira etapa,

---

[66] L. TRIBE, "Ways not to think about plastic trees...", *op. cit.*, p. 1319.

indicaríamos o ano de 1633 [67]. *Descartes* acabava de concluir o seu *Traité du Monde* e hesitava prudentemente na sua publicação perante a "lição" trágica de *Galileu*. Se aqui o perigo vinha do céu, ali o perigo espreitava da terra, *par cause* de um dos mitos fundadores da modernidade: a *fabula mundi,* que não é senão uma ampla cosmogénese mecânica.

A resposta ajustada desta concepção veio juridicamente pela mão de *Jean-Baptiste Portalis,* um dos autores mais prestigiados do *Code Civil* [68], no seu discurso proferido a 17 de Fevereiro de 1804, no Parlamento francês, na apresentação da parte do Código relativa ao direito de propriedade. O modelo de direito de propriedade é conhecido, mas o que talvez não se saiba é que ele fez tábua rasa de toda e qualquer solidariedade campestre e de uma certa forma de gestão ecológica da terra. Depois, daí por diante, a história é conhecida, acabando com toda e qualquer espécie de *terrae incognitae* [69].

O *droit de détruire,* dirá *Gouilloud* [70], é a regra ou, nas palavras dos juízes do Supremo Tribunal dos Estados Unidos, processo *Chakrabarty,* a lei americana protege tudo o que é feito pela mão do homem.

A *fabula mundi* de *Descartes* torna-se uma realidade inquestionável e dominadora. Em suma, um direito que evoca a tapeçaria de *Penélope,* onde o que se faz de dia é

---

[67] Precisamente a 22 de Junho de 1633, GALILEU, com setenta anos de idade, dizia o indizível perante o Santo Ofício. A inscrição colocada na sua tumba, um século após a sua morte (1642), dizia – *Sine honore no sine lacrimis.*

[68] S. RODOTÀ, "Introduzione", in S. RODOTÀ, *Il diritto privato nella società moderna,* Bologna, 1971, p. 31.

[69] S. RODOTÀ, *Il terribile diritto. Studi sulla proprietà privata,* Bologna, 1981.

[70] M. R.-GOUILLOUD, *Du Droit de Détruire,* Paris, 1989.

desfeito de noite, tudo debaixo do olhar diletante do Estado-espectáculo-regulador.

A segunda etapa, também ela afastada, reclama a *deep ecology* como momento fundador, por oposição à *shallow ecology* [71]. Agora, o mito é outro, o esplendoroso regresso às origens, a mais original porque originante. Uma origem perfeitamente originante, como nos recorda a etimologia: natureza, palavra de origem indo-europeia *gn*, significa nascer ou engendrar.

Agora, a visão monista dá lugar a uma visão holística da propriedade planetária, paredes-meias com o panteísmo.

O homem deixa de ser a medida de todas as coisas; *widening the circle* é uma das suas principais palavras de ordem, a par da *nature knows best*.

No plano jurídico, creio que esta doutrina ambiental tem expressão numa espécie de *iusnaturalismo radical* baseado na *land ethic*. Um autor alemão, *Meyer Abich* de seu nome, apela à construção de um *Naturstaat*, no seio do qual viria reconhecida a plena igualdade de direitos de todos os homens da comunidade jurídica natural (*natürliche Rechtsgemeinschaft*) [72].

O problema, a nosso ver, é outro. Como poderemos pôr a natureza a falar se não temos voz neste mundo em que só o interesse (económico) é global e se faz ouvir?

Falta-nos agora espreitar as possibilidades da terceira etapa: o ambiente-paisagem, a paisagem como

---

[71] A. NAESS, "The shallow and the deep, long-range ecology movement. A summary", in *Enquiry*, 1976, n.º 16, p. 95 e ss.

Ecoa aqui a tese de C. SCHMITT, *Das Nomos der Erde im Volkerrecht der Jus Publicum Europaeum*, Berlin, 1974.

[72] MEYER ABICH, "Dreissig thesen zur praktischen Naturphilosophie", in *Ökologische probleme im Kulturellen Wandel*, Berlin, 1986, p. 104.

paradigma. Não é a paisagem facto natural e facto humanizado?

A primeira pista consiste na visão cartesiana do ambiente como cenário teatral constituído de elementos e objectos distintos e claros; a segunda simplificação reside, frequentemente, numa visão circular da causalidade, como o movimento do relógio. Tudo num cenário harmonioso e perfeito.

Ora, o tempo não é cartesiano e, portanto, não é reversível. Como a moderna termodinâmica tem vindo a demonstrar, a matéria está em constante expansão, sendo impossível voltar para trás.

A complexidade do nosso objecto de estudo deve dar lugar, no campo jurídico, a uma complexidade normativa. Não basta o direito do ambiente, importa também ecologizar o Direito e os seus vários ramos [73].

Situando o problema no direito público, a solução não está no recurso a meios ablativos como a expropriação por utilidade pública, em obséquio a um iluminismo de raiz estatal. Creio que o caminho certo poderá ser a concepção intersubjectiva e transpropriativa da propriedade: o uso do bem em consonância com a sua natureza situacional e a necessidade humana [74].

Nem o Estado como guardião exclusivo do ambiente, nem o astuto particular, mas o Direito. Um ordenamento jurídico complexo que responsabilize e vincule os poderes públicos e os cidadãos num novo contrato natural [75].

---

[73] Cfr. GOMES CANOTILHO, "Juridicização da ecologia ou ecologização do Direito", in *Rev. Jur. Urb. Amb.*, n.º 4, 1995, p. 69 e ss.

[74] Cfr. COLAÇO ANTUNES, *Direito Urbanístico...*, op. cit., p. 165 e ss.

[75] Assim, M. SERRES, *Le Contrat Naturel*, Paris, 1990. Criticamente, ALAIN ROGER, *Court Traité du Paysage*, Paris, 1997, p. 149 e ss.

O objecto deste contrato bem pode ser o ambiente-paisagem, cuja designação habitual, mas imperfeita, ganha o nome de desenvolvimento sustentável.

A crise ambiental é uma consequência trágica da morte, não superada, do sujeito racional e cartesiano. Curiosamente, apesar de repetidamente anunciada, ainda não nos demos conta, porventura porque há muito foi enterrado na vala comum do Código Civil.

Como continuamos a concordar connosco, convocamos ainda o que escrevemos há dez anos [76].

3.2. Indeterminação da noção jurídica de ambiente

Navegando pelo ordenamento jurídico, deparamos imediatamente com uma dificuldade: a indeterminação da noção jurídica de ambiente. Falar de ambiente não pode significar *reflectir sobre tudo,* dissolvendo o conceito de ambiente na noção de qualidade de vida [77]. Este é, aliás, um dos equívocos do legislador constitucional (artigo 66.º da CRP) e do legislador ordinário (artigo 5.º/2/a) da Lei n.º 11/87, de 7 de Abril). Para isso impor-se-ia a convocação *demoplenariocrática* de muitos outros direitos – habitação, saúde, educação, segurança social, trabalho... – num claro prejuízo dos contornos ecológicos e existenciais da noção de ambiente. Imprestável é igualmente a noção res-

---

[76] COLAÇO ANTUNES, *O Procedimento Administrativo de Avaliação de Impacto Ambiental – Para uma Tutela Preventiva do Ambiente,* Coimbra, 1998, p. 3 e ss.

[77] Cfr. CARLA AMADO GOMES, *Textos Dispersos de Direito do Ambiente, op. cit.,* p. 9 e ss.

tritiva de ambiente, que não andaria longe da sua identificação com a natureza – bens naturais [78].

Por ambiente devemos então entender o conjunto de bens naturais e culturais relevantes para a qualidade de vida *ecológica e existencial* da pessoa humana [79]. Neste sentido, o ambiente-paisagem deve ser considerado um *bem imaterial,* na medida em que, como bem cultural, tem ínsita a noção de valor.

Apoiados numa concepção penalista de bem jurídico (*Rechtsgut*), sustentámos (antes) uma concepção unitária de ambiente, por contraposição à concepção pluralista de *Giannini,* num esforço evidente de conceptualizar o ambiente como bem público, com inegáveis repercussões, entre outras, ao nível da compressão dos direitos fundamentais de raiz proprietarista e possessiva e da tutela jurisdicional. O juiz natural da tutela do ambiente, como bem público [80], é o juiz administrativo (artigo 212.º/3 da CRP) [81].

Concebida a noção jurídica de ambiente com a brevidade indispensável, diríamos então que o Direito do Ambiente vem a constituir o conjunto de normas e institutos jurídicos que se destinam a regular e a proteger, de forma planificadora, conformadora, preventiva e promo-

---

[78] GOMES CANOTILHO, "Procedimento administrativo e defesa do ambiente", in *RLJ*, n.º 3799, 1991, p. 290.

[79] COLAÇO ANTUNES, *O Procedimento Administrativo de Avaliação de Impacto Ambiental..., op. cit.,* p. 53 e ss.

[80] Parece ser este o entendimento do Tribunal Constitucional. Cfr. o Acórdão 639/99, DR, 2.ª série, de 23 de Março de 2000, p. 5515 e ss, ou ainda o Acórdão 57/01, DR, 2.ª série, de 12 de Abril de 2001, p. 6565 e ss, em que a natureza pública do bem ambiental justifica, tal como nós defendemos, a compressão de outros direitos fundamentais.

[81] Cfr. o que antes dissemos sobre o âmbito da jurisdição administrativa.

cional o ambiente natural e humano dos efeitos nocivos resultantes do processo civilizacional [82].

O direito do ambiente (como novo ramo do saber jurídico), relativamente ao qual permanece por resolver o problema da sua autonomia em relação ao direito administrativo, não pode ignorar os clássicos esquemas tipológicos da actividade administrativa: *intervenção, prestação e planificação*. Logo, de um ponto de vista funcional, é possível avistar facilmente *um princípio de tutela preventiva, repressiva e ressarcitória* do ambiente e, finalmente, uma tutela conformadora e promocional prosseguida pelo uso razoável do princípio da ponderação e hierarquização dos direitos fundamentais e dos interesses juridicamente relevantes.

De todo o modo, o direito do ambiente, se pretende atingir a maioridade pedagógica e científica, não pode prescindir de uma *tutela vital e imediata do ambiente*.

3.3. O ambiente como direito fundamental

A dimensão assumida pelo ambiente e pelos problemas que lhe são inerentes obriga-nos (numa estratégia da atenção) a passar os olhos por experiências jurídicas tão complexas como a alemã.

Quando o desenvolvimento da ordem jurídica coloca sobre as plantas a necessidade de reconhecer novos valores fundamentais, o caminho a seguir bem pode ser o da criação de estruturas administrativas que assumam, ainda que prescindindo de precisas orientações jurídico-constitucionais, uma função de protecção daqueles valores.

---

[82] GOMES CANOTILHO, "Procedimento administrativo e defesa do ambiente", *op. cit.*, n.º 3799, p. 290.

Esta foi, com efeito, a trajectória seguida pela Alemanha, cuja Lei Fundamental (*Grundgesetz*), como é sabido, não contempla (apesar dos artigos 20.ºa, 74.º, 75.º e 91.ºa – ainda que aqui se descortine a ideia de protecção do ambiente como fim do Estado) uma directa e específica protecção do ambiente (*Umwelt*) como direito fundamental, privilegiando antes uma série de garantias que indirectamente podem reconduzir-se ao alvéolo de um reconhecimento geral do ambiente como valor constitucionalmente protegido. Entre estas garantias avulta tradicionalmente a qualificação da República Federal da Alemanha como *Estado Social de Direito* (artigo 20.º GG).

Posta perante este quadro normativo, a doutrina germânica mais sensível tentou desenvolver o princípio da tutela ambiental a partir de uma operação de *contaminatio* entre os direitos fundamentais previstos na Constituição (artigo 2.º). Neste sentido, chegou a hipotisar o *direito ao mínimo ecológico de existência* ou um *direito à tutela dos pressupostos do exercício de direitos fundamentais* [83], por forma a garantir a tutela do ambiente quando a sua lesão comporte um dano a bens jurídicos expressamente protegidos (direito à vida, à integridade física e psíquica, à propriedade).

A acção combinada de novas e pregnantes exigências de tutela do ambiente e a estrutura do sistema constitucional alemão – cujo instituto do recurso constitucional (*Verfassungsbeschwerde*) garante o acesso dos cidadãos ao Tribunal Constitucional – fez com que este Tribunal se transformasse no natural "guardião do ambiente", sobre-

---

[83] E. REHBINDER, "Grandfragen des Umweltrechts", in *Zeitschrift für Rechtspolitik,* 1970, p. 250 e ss.

tudo quando contraposto com outros direitos fundamentais [84].

Percorrida brevemente a experiência alemã, que (paradoxalmente) ajuda a compreender uma leitura redutora da tutela do ambiente aos direitos de personalidade, é chegado o momento de prestarmos atenção ao nosso texto fundamental que consagra directamente, ao contrário da Constituição alemã, para além de uma verdadeira *Constituição do ambiente* (por exemplo, os artigos 9.º/d) e e), 66.º, 81.º/m) e n), 90.º, 93.º/1/d)/2), o ambiente como direito fundamental.

Na ordem jurídico-constitucional portuguesa, o "direito a um ambiente de vida humano, sadio e ecologicamente equilibrado" (artigo 66.º/1 da CRP) é um verdadeiro *direito fundamental, formal e materialmente constitucional* [85]. No ensinamento do Professor de Coimbra, trata-se de um direito subjectivo inalienável de qualquer pessoa, autónomo e distinto de outros direitos constitucionalmente

---

[84] JÖRG LUTHER, "Profili costituzionali della tutela dell'ambiente in Germania", in *Riv. Giur. Amb.*, n.º 3, 1986, p. 461 e ss.

[85] GOMES CANOTILHO, "Procedimento administrativo e defesa do ambiente", *op. cit.*, p. 289 e ss; *Idem*, n.º 3802, p. 7 e ss.

Refira-se, no entanto, a turbulência doutrinal em torno da sua natureza jurídica, sendo que parece afirmar-se a tendência para uma certa dessubjectivação, sendo sublinhada a ideia de um dever fundamental por JORGE MIRANDA, "A Constituição e o direito do ambiente", in *Direito do Ambiente, op. cit.*, p. 363, e VIEIRA DE ANDRADE, *Os Direitos Fundamentais na Constituição Portuguesa de 1976*, 2.ª ed., Coimbra, 2001, p. 164 e ss e nota 125. Direitos circulares, em que o dever pode afectar o conteúdo do direito, ao contrário, por exemplo, do direito à saúde. Veja-se a proibição de fumar.

Já, curiosamente, a jurisprudência administrativa parece inclinar-se para uma personalização fragmentada (direito à saúde, ao descanso, etc.).

protegidos – a saúde, a vida, a personalidade e a propriedade [86].

Segundo nós, o direito ao ambiente – como direito fundamental – é ainda algo mais. É, também, *o fundamento e o novo modo de ser dos direitos fundamentais* e, sobretudo, *a medida e o limite dos direitos fundamentais de índole económica* (artigos 61.º/1 e 62.º/1 da CRP).

Em síntese, o ambiente e o seu direito, em sentido "forte", como *minimum ethicum,* como limite *(jus)natural* da actividade dos poderes públicos e dos agentes privados [87].

Impõe-se também, e esta é uma tarefa do intérprete, a construção de um *Stufenbau* dos valores e dos direitos reconhecidos constitucionalmente. A primariedade do valor ambiente não reside apenas na sua ontológica supremacia a respeito de outros bens jurídicos interferentes, reconhece-se também na necessidade de composição do próprio valor em relação com outros de valor idêntico, afastando definitivamente uma teoria da petrificação (*Versteinerungstheorie)* dos direitos fundamentais [88].

Sustenta-se, assim, a necessidade de um itinerário que não ignore uma dimensão ecocêntrica do ambiente, o que vem a exigir uma reinterpretação dos direitos fundamentais que pressuponha a sua *contaminatio,* mas agora *a partir da primariedade dos valores iusambientais.*

---

[86] Posição idêntica a do Acórdão do STA, de 25 de Junho de 1992.

[87] ENRICO DALFINO, "Basi per il diritto soggettivo di partecipazione nel procedimento amministrativo", in *Le trasformazione del diritto amministrativo (Scritti degli allievi per gli ottanta anni di Massimo Severo Giannini*), Milano, 1995, p. 107 e ss.

[88] COLAÇO ANTUNES, "O direito do ambiente como direito da complexidade", in *Rev. Jur. Urb. Amb.*, n.º 10, 1998, p. 42.

Seguindo a lógica enunciada, seria interessante, com a ajuda dos civilistas, começar a prefigurar uma nova categoria jurídica com refracções ressarcitórias — o *dano existencial*.

Partindo da noção de dano não patrimonial (artigo 496.º/1 do CC), locução inspirada do alemão *nicht Vermoegen Schaden* (§ 253 do BGB), antevê-se aqui uma nova manifestação dos danos morais, com implicações, nem sempre unitárias, ao nível da saúde, do bem-estar físico-psíquico ou mesmo biológico (está provado que alguns peixes de água doce, em consequência de contactos com certas substâncias venenosas, sofrem perturbações tão fortes como a mudança de sexo) [89].

Tratar-se-ia, naturalmente, de um *dano-evento* e não de um *dano-consequência* [90], visto não importarem aqui apenas as consequências económicas sobre o património do particular, como valor do bem lesado, considerado em si e por si. Está em causa, no essencial, individualizar a lesão do bem ambiental e atribuir um valor a tal lesão.

À conotação jurídica do *dano existencial* não será estranho o facto de se tratar de um dano insusceptível de avaliação económica directa, incluindo aqui a lesão de direitos de raiz existencial garantidos constitucionalmente (vejam-se, por exemplo, os artigos 24.º, 25.º, 26.º, 42.º, 66.º e 78.º da CRP).

Num ordenamento jurídico-constitucional em que o direito ao ambiente assume (pelo menos na sua dimensão negativa) as vestes de um direito fundamental (de natureza análoga aos direitos, liberdades e garantias), não será

---

[89] COLAÇO ANTUNES, "O direito do ambiente como direito da complexidade", *op. cit.*, p. 42.

[90] COLAÇO ANTUNES, *O Procedimento Administrativo de Avaliação de Impacto Ambiental...*, *op. cit.*, p. 59 e ss.

de todo descabida a aproximação do dano ecológico ao dano existencial, tanto mais que a destruição dos bens ambientais e paisagísticos implicará tantas vezes uma sensação de *desrealização*, de perda de identidade, de anemia estético-emocional.

A verdade é que a sociedade farmacogénica em que vivemos, orientada pela epistemologia do domínio, não tem sabido evitar, bem pelo contrário, a *malséance*, o crescente desenquadramento ecológico-paisagístico da existência humana.

3.4. A função constitutiva do direito procedimental do ambiente

A referência é, naturalmente, o Código do Procedimento Administrativo, através do qual o ordenamento jurídico português se dotou, finalmente, de uma disciplina geral do procedimento administrativo, cuja raiz constitucional está (após a revisão de 1997) no artigo 267.º/5. Assumem, entre outros, particular relevância para a configuração de um direito procedimental do ambiente os artigos 4.º, 5.º, 8.º, 10.º, 53.º, 56.º, 61.º a 64.º, 96.º e 100.º e seguintes do CPA.

Reduzindo o "valor ambiental" a interesse difuso (artigo 53.º do CPA), para melhor facilitar o seu ingresso na lógica compósita da procedimentalização, percebe-se que aquele valor, *rationi obiecti*, goze de uma disciplina tendencialmente uniforme [91]. Isto é, a identidade do valor veiculado traduz-se na identidade das modalidades de

---

[91] COLAÇO ANTUNES, "O direito do ambiente como direito da complexidade", *op. cit.*, p. 43.

aquisição e composição, logo, na *tutela* dinâmica do ambiente no âmbito do procedimento.

Tal entendimento não obsta, porém, que o portador do interesse difuso ambiental esteja, para além do disposto no artigo 103.º/1/c) do CPA, situado numa posição diferenciada, *sendo sujeito de uma disciplina especial em relação à delineada pelo direito procedimental comum* (Lei n.º 83/95, de 31 de Agosto, artigos 2.º, 3.º e 4.º e segs.). Acresce, aliás, que os traços determinantes deste *direito procedimental especial* devem ser desenvolvidos, em obséquio a correctos cânones hermenêuticos, na base de uma interpretação sistemática e, sobretudo, teleológica, atendendo (nomeadamente) ao peso constitucional das normas-fim respeitantes à tutela do ambiente [92].

Todavia, se se atribui ao artigo 53.º do CPA uma dimensão geral, isto significa que qualquer procedimento capaz de produzir rumores no ambiente deve ser, desde logo, levado ao conhecimento dos portadores do interesse difuso ambiental (artigo 55.º do CPA), garantindo, posteriormente, um adequado contraditório através da audiência dos interessados.

Com efeito, enquanto a participação no procedimento determinará a "vinculatividade" das decisões assumidas por todos os sujeitos intervenientes, já a não participação ou injustificada ausência terá consequências diversas, inclusive processuais (artigo 55.º/3 do CPTA), em função da natureza dos sujeitos e dos interesses envolvidos, sem prejuízo de caber sempre à Administração o poder-dever de tutelar o ambiente (enquanto bem público).

A procedimentalização da tutela do interesse difuso ambiental deverá, em suma, significar, no momento de

---

[92] COLAÇO ANTUNES, *O Procedimento Administrativo de Avaliação de Impacto Ambiental...*, *op. cit.*, pp. 31 e ss e 125 e ss.

ordenar a aquisição, a ponderação e a hierarquização dos interesses coenvolvidos, uma tutela directa e teleológica, ontologicamente prevalecente sobre outros interesses--direitos em conflito.

É neste contexto que ganha sentido, sobretudo se tivermos em conta que a tutela procedimental é a antecâmara da tutela processual do interesse difuso ambiental – artigo 52.º/3 da CRP e Lei n.º 83/95, de 31 de Agosto (artigo 12.º e segs.) – trazer à colação a passagem-complementação da lógica da *jurisprudência dos interesses* à lógica da *jurisprudência dos valores*. Isto porque, o que qualifica a tutela do ambiente não é só a sua relação com outros interesses contrastantes, mas a sua idoneidade para os conformar e limitar, o que constitui um critério para a sua valoração e hierarquização.

Inevitável, portanto, o abandono das posições de agnosticismo axiológico, a favor de uma *jurisprudência dos valores*. Assim, o jurista não só não se afasta do confronto social, como tem plena consciência da não neutralidade do método selectivo dos interesses hegemónicos. Método iluminado por critérios axiológico-constitucionais, a que o intérprete não se pode furtar sob pena de violar os cânones hermenêuticos. O ambiente como *objecto-sujeito-de-dever--ser* não pode deixar de sobrevoar a tarefa (da Administração) de composição e hierarquização dos interesses envolvidos no procedimento [93].

A dilucidação deste ponto dogmático é essencial para a configuração constitutiva de um direito procedimental do ambiente.

---

[93] COLAÇO ANTUNES, *O Procedimento Administrativo de Avaliação de Impacto Ambiental...*, op. cit., p. 71 e ss.

3.5. A autodeterminação do direito do ambiente

Seguindo as pisadas de *Freitas do Amaral* [94], também nós nos inclinamos para a configuração do Direito do Ambiente como um novo ramo autónomo do Direito e consequente autonomização do Direito Administrativo.

O problema é, todavia, mais delicado. Se hoje "existisse" o Direito Administrativo, tal como o estudámos nos bancos da Universidade (atente-se nas teses de fusão com o direito privado), o direito do ambiente constituiria uma boa parte (não só especial) do direito administrativo. Pensamos, aliás, que um dos méritos do direito do ambiente é ou deve ser, antes de se "emancipar", a renovação de alguns problemas clássicos do direito administrativo: a legitimidade, a discricionariedade, a recompreensão do acto administrativo e respectiva impugnabilidade, a tutela jurisdicional... O contributo do direito do ambiente é igualmente decisivo para o retorno da "sacralidade" ao direito administrativo, sob pena de este se esvair na secularidade das regras do *ius civile* – fuga para o direito privado...

Para se autonomizar verdadeiramente (pedagógica e cientificamente), o Direito do Ambiente carece, entre outras coisas, de duas "elegâncias": a metódica e a da contraditoriedade. É aqui que ganha toda a acuidade a advertência de evitar o erro de esquecer os Mestres, o que não implica, obviamente, qualquer tipo de esclavagismo teorético. A ciência jurídica inclui também os esforços dos juristas. O direito é também o que os juristas dizem ser o direito; o objecto da ciência jurídica é também a autoridade do jurista.

---

[94] FREITAS DO AMARAL, "Ordenamento do território, urbanismo e ambiente: objecto, autonomia e distinções", in *Rev. Jur. Urb. Amb.*, n.º 1, 1994, p. 11 e ss.

Ponto essencial para a definitiva configuração de um Direito do Ambiente autónomo é a fundamentalidade constitutiva do *rosebud procedimental.*

Para isso não são necessárias muitas leis mas poucas e boas leis.

A autoprodução legislativa em excesso oferece, aliás, a medida do actual niilismo jurídico.

Parece também inevitável *o regresso à forma como extrema salvação do Direito,* sobretudo quando as normas jurídicas se confundem hoje com as rosas (*Gianni Vatimo*). Quando os conteúdos oscilam entre ser e não ser, só a *forma* constitui uma medida segura. Daí a relevância dos vícios formais.

4. Um objecto inquieto: o ambiente contra a paisagem

Não advogamos uma tese pluralista de ambiente (*Giannini*)[95], como vimos, nem uma tese unitária, como até aqui sustentávamos[96], mas uma tese bipartida de ambiente: de um lado o ambiente-paisagem (elemento estético-cultural-existencial) e, do outro, o ambiente nas suas componentes físicas e biológicas (elemento naturalístico), talhando transversalmente as categorias gianninianas.

Diríamos mesmo que o ambiente naturalístico e a sua tutela se confronta, por vezes, frontalmente com o elemento estético-cultural-existencial constituído pela paisagem. A energia eólica, a que voltaremos mais adiante, é um bom exemplo disso mesmo. Aliás, o ambiente já foi absorvido simbolicamente pelo poder, ao invés do que sucede com a paisagem, porque faz parte da sacralidade do indivíduo.

A autonomia conceptual e jurídica da noção de paisagem permite não apenas o diálogo com o ambiente (*stricto sensu*) mas também com o direito urbanístico e os seus planos. Num país que tem uma visão mítica do plano urbanístico e a crescente e global modelação e conformação humana do ambiente conduz-nos à ideia de

---

[95] M. S. GIANNINI, "Ambiente: saggio sui diversi suoi aspetti giuridici", in *Riv. trim. dir. pubbl.*, 1973, p. 15 e ss.

[96] COLAÇO ANTUNES, *O Procedimento Administrativo de Avaliação de Impacto Ambiental...*, op. cit., p. 34 e ss.

que já não existem, em puridade, enclaves de paisagem natural.

Como o território se apresenta praticamente antropomorfizado pelos planos urbanísticos, parece-nos de todo pertinente sustentar que a paisagem urbanizada assume um papel determinante. Assim sendo, compreende-se melhor a nossa visão bi-tri-dimensional do direito do ambiente, assente no ambiente-ambiente, no ambiente-paisagem e no ambiente urbano.

O actual edifício planificatório (Lei n.º 48/98, de 11 de Agosto, e o Decreto-Lei n.º 380/99, de 22 de Setembro, cuja última grande alteração consta do Decreto-Lei n.º 316/2007, de 19 de Setembro), um verdadeiro arranha-céus, é uma prova cabal da nossa tese, com destaque para o Plano Director Municipal[97], sem que se tenha notado uma articulação dos planos urbanísticos com os planos especiais de ordenamento do território, em particular com os planos das áreas protegidas.

A paisagem tem sempre um elemento territorial, daí a conexão com a planificação urbanístico-territorial, com a particularidade de serem todos planos de ordenamento do território, à excepção dos planos sectoriais.

Um outro argumento podemos colhê-lo, com alguma incoincidência, da noção jurídica de paisagem (Convenção Europeia da Paisagem), sustentada pelo legislador e pela doutrina.

Numa primeira aproximação, *a paisagem é a forma (estética) do ambiente.*

Como a paisagem é, além do mais, a forma e o espírito do ambiente, impõe-se a tentativa de compreender

---

[97] Sobre esta questão, cfr. COLAÇO ANTUNES, *Direito Urbanístico...*, *op. cit.*, p. 95 e ss.

esta complexa noção. A paisagem é o que esteticamente "vemos" no seu conjunto: montes, planícies, rios, bosques. A paisagem tem a particularidade de não ser (apenas) um elemento ou uma categoria física do ambiente, mas o aspecto formal e estético do conjunto, o seu espírito. Uma coisa é a paisagem, outra os bens paisagísticos.

Impõe-se, por isso, uma teoria da paisagem que não ignore algumas pré-compreensões essenciais, inclusive narrativas.

A nossa construção conceptual parte da seguinte ideia: a paisagem é a categoria central de relação da tutela do ambiente com o ordenamento do território e a *forma urbis*. A teoria do tubo digestivo já lá vai.

Tal como dizíamos há dez anos [98], o que marca hoje a dificuldade de compreender cultural e juridicamente a paisagem é o esgotamento da relação estética entre a imagem e o conhecimento, com a característica da ruptura entre a paisagem e o mercado se situar (agora) a nível planetário, no plano global. Corremos o sério risco da globalização da paisagem permitir uma tal homogeneidade que se perca a identidade do lugar e o respectivo estatuto. Ora, a paisagem é o estatuto do lugar.

Temos, todavia, consciência da dificuldade de construir uma grande síntese, uma *Weltbeschreibung*. A dificuldade está, paradoxalmente, na imensa variedade de elementos a conhecer e, portanto, na sua repetição.

A nossa hipótese dogmática parte da construção (séculos XV e XVI) literária e pictórica de um pré-conceito de paisagem, sobretudo urbana ou modelada pela mão

---

[98] COLAÇO ANTUNES, *O Procedimento Administrativo de Avaliação de Impacto Ambiental...*, op. cit., p. 740.

humana. O espaço não conformado ou não cultivado tem apenas um interesse pitoresco [99].

Como o cenário urbano sofreu profundas alterações, a perspectiva começou, a partir do século XVIII, a deslocar-se para fora da cidade, tentando captar a fisionomia particular do lugar e do território. Esta alteração perceptiva alcança uma grande importância, na medida em que os rígidos estereótipos e repetições dos séculos imediatamente anteriores deram lugar à percepção, através da imagem, de um desenho profundamente diverso dos lugares [100].

A nossa tese é a seguinte: a novidade trazida pela cultura setecentista foi a de saber combinar observação e imagem em função do prazer do conhecimento, o que permitiu deslocar a paisagem para fora do espaço urbano. A ruptura epistemológica consuma-se na relação da paisagem com o ambiente físico e territorial e com a história do(s) lugar(es).

A paisagem democratiza-se, os pobres também tinham paisagem, para começarem a perdê-la com a economia de mercado nos séculos XVIII e XIX. O "roubo" da paisagem pelo mercado e a sua economia é, porventura, o maior acto ablativo da história, ao saquear a identidade das pessoas e dos povos. Ao extorquir a forma do ambiente e o seu espírito, que é a paisagem, aquele ficou reduzido a um mero recurso natural.

Note-se que um dos elementos mais relevantes do conceito de paisagem é a sua identidade. Uma paisagem é bela quando é reconhecível como forma estética de um

---

[99] ALAIN ROGER, *Court Traité du Paysage*, op. cit., pp. 20 e ss e 24 e ss.

[100] ANNE CAUQUELIN, *L'Invention du Paysage,* Paris, 2000, p. 25 e ss.

determinado lugar [101]. A estética é, assim, um elemento estruturante do conceito de paisagem, como forma da identidade de um espaço determinado e de identidade da pessoa humana. Um elemento importante é a imagem cultural para quem tenha olhos e neurónios.

A paisagem só existe na medida em que nós a percebemos, em que nós a vemos, pensando e sentindo.

A paisagem não é apenas o que é, é "também" o que nós pensamos ser em função do lugar. O lugar é a forma do tempo e do ser do indivíduo [102]. É a representação cénica do lugar.

Um outro elemento da paisagem é o uso que se dá ao lugar, por isso a alteração do seu uso consubstancia, não raras vezes, uma das menos conhecidas e estudadas formas de destruição da paisagem.

Se pensarmos que a paisagem é o modo de ser existencial da pessoa humana, poderemos então arriscar a diferente natureza jurídica da paisagem e dos direitos que se criam em torno dela. *O direito à paisagem*, porventura mais do que o direito ao ambiente, *é um novo modo de ser dos direitos, liberdades e garantias pessoais*.

Se transpusermos esta construção dogmática para o plano processual, já vemos que a intimação para protecção dos direitos, liberdades e garantias pode ter alguma serventia para a tutela da paisagem, sem podermos dizer (mecanicamente) o mesmo relativamente à protecção do ambiente.

---

[101] No mesmo sentido, I. LASAGABASTER / L. BROTONS, "Protección del paisaje, ordenación del territorio y espacios naturales protegidos", in *Rev. Vasca de Admin. Públ.*, n.º 70, 2004, p. 129.

[102] COLAÇO ANTUNES, *Direito Urbanístico...*, op. cit., p. 57.

Como antes fizemos notar, a paisagem não é apenas um elemento do ambiente-paisagem, como é também a sua *imagem* íntima [103].

Se assim é, a noção jurídica de paisagem e o direito à paisagem têm necessariamente uma relação inalienável com os direitos, liberdades e garantias fundamentais.

Ao contrário das teses hoje dominantes e do disposto na Convenção Europeia da Paisagem (artigos 1.º, 2.º e 5.º), adoptada pelo Conselho da Europa, a 19 de Julho de 2000, entendemos que só faz sentido falar de paisagem quando associada a uma ideia de beleza. Sem esta marca fundamental, a paisagem poderia identificar-se com as noções de ambiente e de território. Só neste sentido poderemos classificar a paisagem como bem cultural, seja em sentido naturalístico ou puro, seja referida à conformação humana – paisagem construída ou modelada pela mão humana –, paisagem impura. O ambiente-paisagem não é apenas a forma do território mas a imagem e o espírito do lugar [104]. O habitar como expressão do ser.

A paisagem é a noção cultural do lugar e da consciência estética das pessoas que habitam esse lugar (artigo 6.º/C/1/b da Convenção da Paisagem), pelo que a dimensão subjectiva de paisagem é uma condição da valência objectiva da noção [105]. A paisagem não está na enorme fotografia que nos antecipa rodoviariamente o lugar.

Esta concepção de paisagem, que alguns apelidam de elitista, tem reconhecimento no texto constitucional

---

[103] A paisagem, inspirando-nos em RUSKIN, é o *rosto amado da nossa identidade* como pessoa e povo.

[104] ALAIN ROGER, *Court Traité du Paysage, op. cit.*, p. 134.

[105] Estaremos, assim, mais próximos da *Gestalttheorie*, segundo a qual a percepção é sempre a percepção de uma totalidade, o que é relevante para definir o seu modelo regulatório-administrativo.

(artigo 66.º/2/c)), se bem que venha aí entendida, pelo menos implicitamente, como um elemento que não é, de todo, do ambiente.

Recorrendo ao direito público comparado, podemos constatar que a Itália tem um Código dos Bens Culturais e da Paisagem e um outro do Ambiente.

A opção do legislador italiano, embora tenha perdido a noção estetizante que vinha da *Comissão Franceschini*, aponta claramente para a qualificação da paisagem como bem cultural.

Ora, por bem cultural [106] devemos entender, com *Giannini* [107], todo o tipo de manifestação que tenha relevo e valor civilizacional. Nem todo o território é paisagem, porque então teríamos um conceito de paisagem integral em que os elementos ambientais seriam meros componentes da noção de paisagem, como parece sustentar *Predieri* [108] e a própria Convenção Europeia da Paisagem. Só num sentido metajurídico se poderia falar de paisagem como território.

Esta tese tem, quanto a nós, um forte inconveniente, ao identificar a paisagem com a forma do território. Refiro-me à natureza não ablativa do vínculo paisagístico e, portanto, não ressarcível. Salvo melhor opinião, pensamos que a imposição de um vínculo paisagístico (áreas protegidas, por exemplo) pode comportar uma compressão de tal modo forte do núcleo essencial do direito de proprie-

---

[106] Entre nós, sobre a distinção entre bem cultural e património cultural, cfr. CASALTA NABAIS, *Introdução ao Direito do Património Cultural*, op. cit., p. 17 e ss.

[107] M. S. GIANNINI, "I beni culturali", in *Riv. trim. dir. pubbl.*, 1976, p. 3 e ss.

[108] A. PREDIERI, "Paesaggio", in *Enc. dir.*, vol. XXXI, Milano, 1981, p. 506.

dade que configure uma expropriação de sacrifício ou larvar. A jurisprudência do TEDH aponta nesse sentido.

Em resumo, propomos uma distinção entre ambiente-paisagem e ambiente-ecossistema.

Estamos, depois, confrontados com a difícil fronteira entre o princípio da vinculação social da propriedade do solo e a natureza ablativa do acto ingerente [109].

É certo que alguma doutrina, no âmbito do pensamento ideológico da crise do Estado Social, aponta para um conteúdo mínimo de propriedade e do seu direito [110], segundo a qual a função social (da propriedade) vem essencialmente referida ao bem objecto da propriedade e não propriamente ao direito subjectivo de propriedade. Outros autores acrescentam um direito dos terceiros a codeterminar a utilização dos bens objecto do direito de propriedade, louvando-se no *Bundesverfassungsgericht* [111]. Neste sentido, o legislador não poria apenas limites à fruição do direito de propriedade como reconheceria a tutela dos direitos de terceiros.

Se nos parece adequada esta relação poligonal no direito público, já não acompanhamos aqueles que defen-

---

[109] COLAÇO ANTUNES, *Direito Urbanístico...*, op. cit., p.165 e ss.

[110] F. SPANTIGATI, "Dieci anni dopo: la domanda politica di riduzione delle aree protette", in C. A. GRAZIANI (coord.), *Un'utopia istituzionale. Le aree naturali protette a dieci anni della legge quadro*, Milano, 2001, p. 117 e ss.

[111] F. GALGANO, *Crisi dello stato sociale e contenuto minimo della proprietà*, Napoli, 1983, p. 66, chama a atenção para uma sentença do Tribunal Constitucional alemão, que se pronunciou no sentido de uma lei de 1977 ter gerado a *Mitbestimmung* na Alemanha. Ela permitia aos não proprietários a possibilidade de co-determinar as opções da empresa. Esta lei foi objecto de vários recursos das organizações patronais e das grandes empresas, por pretensa violação do direito de propriedade.

dem a generalização da *Mitbestimmung*. Interrogamo-nos se, no estado actual das coisas, a função social da propriedade não se terá diluído no pluralismo dos interesses económicos mais potentes.

Em extrema síntese, julgamos ser muito difícil sustentar uma visão holística do conceito de paisagem, dando, ao invés, relevo a uma perspectiva morfológica de bens com uma base histórico-cultural, físico-naturalístico-estética e simbólica.

As marcas da identidade da noção jurídica de paisagem são os elementos histórico-culturais, morfológico-naturalísticos e estético-perceptivos [112]. Se se pretende uma noção jurídica autónoma de paisagem, apesar da sua ambiguidade semântica, devemos concentrar-nos na especificidade dos valores paisagísticos, nas suas características intrínsecas, a partir de uma definição teorética [113].

Pontualizando melhor. O termo paisagem exige, do ponto de vista da tutela jurídica, o envolvimento dos sujeitos e do objecto; ou seja, a presença de um objecto, conformado pela acção e interacção de elementos naturais e ou artificiais, e de um sujeito (individual ou colectivo) com as respectivas capacidades perceptivas. Tomado singularmente, este objecto e este sujeito não conformam juridicamente uma paisagem.

Em sentido jurídico, a paisagem envolve um duplo valor semântico: a *paisagem* no singular, como categoria conceptual autónoma, que o legislador (constituinte, sobre-

---

[112] Cfr., recentemente, P. CARPENTIERI, "La nozione giuridica di paesaggio", in *Riv. trim. dir. pubbl.*, n.º 2, 2004, p. 394. Para maiores desenvolvimentos, cfr. F. CARTEI, *La disciplina del paesaggio (tra conservazione e fruizione programmata)*, Torino, 1995.

[113] Outra hipótese heurística aponta para três noções de paisagem. Paisagem como beleza natural, paisagem ambiental (ligada a um critério geográfico-territorial) e paisagem urbano-planificatória.

tudo) eleva à categoria de bem jurídico sem se preocupar com as suas concretizações territoriais ou espaciais; o segundo valor semântico refere-se às *paisagens* no plural. Já não estamos agora no plano conceptual mas perante espaços (determinados) caracterizados pela sua diversidade e complexidade paisagística, cuja tarefa pertence, em regra, ao legislador ordinário.

Se o conceito de *paisagem* se revela como um bem jurídico imaterial, as *paisagens* representam o objecto físico que permite ao interesse público paisagístico a sua efectiva concretização procedimental. Na tarefa de identificação e qualificação dos bens paisagísticos, a Administração e o cidadão jogam um papel determinante ainda que não primário.

Alguns Estados europeus optaram por não distinguir entre paisagem e paisagens, o que veio a determinar a ausência de uma intervenção pública paisagística em amplas partes do território.

Em resumo, tendo em consideração o duplo valor semântico atribuído ao substantivo paisagem, quando se pretenda *qualificar* tal substantivo num texto legislativo seria mais adequado tecnicamente fazê-lo em relação às *paisagens*, entendidas como partes delimitadas do território [114].

Mais um detalhe. Não tem sentido falar de *paisagem cultural*, na medida em que se a paisagem não é um bem cultural não é paisagem e, portanto, não carece de tutela jurídica.

---

[114] Sobre a temática da identificação e qualificação da paisagem, cfr. YVES LUGINBÜHL, "Paysage et identification, qualification et objectifs de qualité", in *Paysage et Développement Durable: Les Enjeux de la Convention Européenne du Paysage*, Strasbourg, 2006, esp. p. 109 e ss.

Em coerência com o que ficou dito, creio que há não só um direito à paisagem como um direito às paisagens.

Concluindo, o que distingue severamente a noção jurídica de ambiente-paisagem da noção de ambiente-ecossistema (ou mesmo de ambiente-território) é a pertença da noção de paisagem ao mundo da cultura entendida subjectivamente [115]. A paisagem inscreve-se no *verstehen*. A paisagem pertence à esfera da percepção humana e da elaboração conceptual e cultural. Sem identidade e percepção cultural da população situada (no lugar) não há paisagem mas apenas ambiente.

A culturalidade [116] da paisagem exprime uma dimensão do território intrinsecamente diversa da oferecida pelo ambiente. É precisamente a autonomia conceptual da noção de paisagem a determinar a especificidade do seu regime jurídico e da respectiva tutela jurisdicional (por isso, a importância do Estado de Cultura).

Um exemplo prático da diversidade e até antinomia está posto pela energia eólica.

A crescente empatia pela energia eólica, em consonância com o Protocolo de Kyoto, parece atribuir mais dignidade normativa e axiológica à tutela do ambiente em detrimento da tutela paisagística.

A confluência, no mesmo território, de distintos direitos e interesses – paisagístico e ambiental – deveria encontrar a sua sede própria no procedimento de avaliação de impacto ambiental estratégica de planos e programas (e não no procedimento de avaliação de impacto ambiental de projectos singulares, públicos ou privados). De todo o

---

[115] N. ASSINI / G. CORDINI, *I beni culturali e paesaggistici*, Padova, 2006, p. 181 e ss.

[116] P. CARPENTIERI, "La nozione giuridica di paesaggio", *op. cit.*, p. 411.

modo, segundo a lógica das tutelas paralelas, a finalidade ambiental de uma intervenção numa área paisagística não constitui *ex se* motivo para um resultado paisagisticamente compatível ou aceitável.

A conveniência económica e ambiental da intervenção eólica constitui um impacto paisagístico não de todo desprezível. O eólico não está seguramente de acordo com a tutela da paisagem como forma e imagem do ambiente, apesar do favor de que goza junto das associações ambientalistas. A *Greenpeace*, em particular, que integra a *European Wind Energy Association*, propõe o objectivo de, em 2020, se atingir, por essa via, 12% da produção eléctrica mundial e, em 2040, a percentagem de 22% [117].

A larguíssima produção de energia eólica fez explodir a *querelle* paisagística, emergindo uma nítida dicotomia entre os ambientalistas paisagistas e os ambientalistas técnicos.

Se fizermos uma síntese do direito comunitário e nacional sobre a produção eólica de energia, verificamos que em nenhuma parte se dá primazia ao ambiente em desfavor da paisagem. Contudo, não tem sido essa a política pública entre nós e na Europa, hoje por hoje o maior produtor de energia com base no vento. Na Europa, os países mais favoráveis a este tipo de intervenção têm sido a Alemanha, a Espanha e a Dinamarca. Entre nós, com a perigosa afirmação de uma ideologia eficientista de cariz económico, o fenómeno tem ganho crescente relevo.

---

[117] Cfr. o site http://www.ewea.org. Cfr. ainda a Directiva 2001/77/CE do Parlamento Europeu e do Conselho (relativa às fontes de energia renováveis), onde no considerando sétimo se avança um prognóstico igualmente positivo (12% em 2010) para o conjunto da União.

Repare-se que há ainda outra desvantagem, o ruído causado pelos "postes" de energia eólica [118]. A paisagem tem inconsciente.

A questão deveria colocar-se da seguinte forma: a realização de centrais eólicas deveria, antes de mais, ser sujeita a avaliação de impacto paisagístico, inclusive estratégica (Directiva 2001/42/CE transposta pelo Decreto-Lei n.º 232/2007, de 15 de Junho) [119]. Depois, o desenvolvimento de uma política pública das fontes de energia renovável deve saldar-se na escrupulosa prossecução do interesse público e não ser abandonada à pura lógica do mercado através do mecanismo cego dos certificados verdes. Em último lugar, a paisagem é um valor primário, constitucionalmente consagrado, merecedor de especial tutela por parte dos poderes públicos.

Poderíamos acrescentar, por último, a necessidade de (re)pensar melhor uma planificação do território (artigo 42.º e segs. do Decreto-Lei n.º 380/99, de 22 de Setembro, sucessivamente alterado), em vez do optimismo epistemo-

---

[118] SCHOPENHAUER, o célebre pensador de *Danzig* (*Über Lerm und Geräusche* – Sobre os ruídos e os sons) mostra a sua profunda preocupação pela falta de sensibilidade em relação ao ruído, que é uma outra forma ablativa de nos despojar do direito ao silêncio e à quietude.

[119] COLAÇO ANTUNES, *Direito Urbanístico...*, op, cit., p. 120, nota 3. Repare-se ainda na Directiva de 2003/35/CE, do Parlamento Europeu e do Conselho, de 26 de Maio, em que se estabelecem diversas medidas para a participação do público na elaboração de determinados planos e programas relacionados com o ambiente, em alteração às Directivas 85/337/CEE e 96/91/CE do Conselho.

Dito isto, como já observámos na obra em referência, devemos afastar o mito do plano que, acompanhado do procedimentalismo e do relativismo jurídico, tende a confundir os fins com os meios e o método com o mérito, conduzindo ao direito débil ou até a novas formas de niilismo jurídico. A mesma percepção encontramo-la em N. IRTI, *Nichilismo giuridico,* Roma-Bari, 2004, p. 18 e ss.

lógico em torno da planificação urbanística excessivamente prescritiva e ineficaz [120].

Antes que o *tsunami* urbanístico nos caia em cima, devemos repensar o ordenamento do território e das nossas cidades [121].

---

[120] COLAÇO ANTUNES, *Direito Urbanístico...*, *op, cit.*, p. 98 e ss. Mais recentemente, cfr. COLAÇO ANTUNES, "A ausência do *topos* no plano urbanístico: para uma planificação teleológica", in *A Cidade Para o Cidadão – o planeamento de pormenor em questão*, in http://projectos.ordemdosarquitectos.pt/cidadecidadao/forum.htm

[121] *The Economist*, de 18/6/2005, anunciava que a "borbulha imobiliária" constituía o maior processo especulativo da história do capitalismo.

5. A poligonalidade da relação jurídico-administrativa ambiental

A natureza poligonal da relação jurídica administrativa com implicações ambientais viu-se recentemente reforçada com a subjectivação da tutela jurisdicional (reforma da justiça administrativa), com refracções não apenas processuais mas também procedimentais e substantivas.

Trata-se de uma construção dogmática de matriz alemã (*Verwaltungsverhältnis* [122], relação jurídico-administrativa) caracterizada pela multipolaridade, no âmbito da qual a norma de direito público reconhece e garante ao terceiro uma posição jurídica tutelada.

A doutrina alemã distingue, no entanto, a situação relativa a normas que vinculam a actividade administrativa no interesse público, resultando para o particular um mero *Reflexwirkung des objektiven Rechts* [123], daquela outra situação em que a norma vincula (directamente) a Administração na tutela de posições jurídicas dos particulares, gozando, nesse caso, de um direito subjectivo. Com algumas cautelas e matizações, a mesma doutrina sustenta que o melhor critério distintivo entre os referidos

---

[122] Recentemente, cfr. A. PETERS, "Nebenpflichten im Verwaltungsrechtsverhältnis?", in *Die Verwaltung*, 2002, p. 176 e ss.

[123] Cfr. H. BAUER, *Geschichtliche Grundlagen der Lehre vom subjektiven öffentlichen Recht*, Berlin, 1986, p. 173 e ss.

tipos de normas deve assentar na *Schutznormtheorie* [124], com a característica vocação teleológica da norma (*Schutzzweck*).

Um dos grandes méritos desta perspectiva é tentar resolver o problema da tutela de terceiros, sujeitos que, diversamente do destinatário do acto, podem ser directamente beneficiados pela tutela posta pela norma de direito administrativo.

Importa, todavia, constatar as novidades introduzidas pela dogmática alemã neste domínio. Tanto quanto sabemos, a doutrina tendia a sustentar que o acto administrativo com duplicidade de efeitos (*Verwaltungsakt mit Doppelwirkung* ou *Drittwirkung*) dava lugar a relações jurídico-administrativas (paralelas) entre a Administração e os particulares envolvidos [125].

Alguma doutrina [126] introduziu, no entanto, uma pequena-grande *nuance,* ao admitir que também as relações entre os particulares assumem uma natureza pública, com fortes implicações não só no direito do ambiente mas também no direito urbanístico (em matéria de licenças e de autorizações). Se pretendermos buscar uma explicação para esta nova posição doutrinária, diríamos que ela remete para o legislador a solução de colisão entre os direitos fundamentais, que, assim, orientam a escolha da Administração.

No âmbito da relação jurídico-administrativa poligonal são configuráveis várias hipóteses: desde a impugnação pelo terceiro do acto favorável ao seu destinatário, até

---

[124] Em sentido crítico, J. MASING, *Die Mobilisierung des Bürgers,* Berlin, 1977, p. 129 e ss.

[125] Por todos, H. BAUER, "Altes und Neues zur Schutznormtheorie", in *AöR,* 1988, p. 621 e ss.

[126] Cfr., entre outros, M. SCHMIDT PREUß, *Kollidierende Privatinteressen im Verwaltungsrecht,* Berlin, 1992, p. 9 e ss.

evitar que a sua esfera jurídica venha lesada, como acontecerá quando requer a revogação de um acto autorizativo de uma actividade poluente ou formula um pedido condenatório ao seu encerramento; desde a preclusão da concessão de um acto permissivo do exercício de uma determinada actividade até à possibilidade do interessado impugnar um acto favorável ao terceiro [127].

Em quase todas estas situações, senão em todas, verifica-se uma relação entre particulares (*Horizontalverhältnis*), com a nota característica de não consubstanciarem pretensões recíprocas. Teremos então relações poligonais – particular-cidadão-Administração – em contraposição à clássica relação jurídica dicotómica ou bipolar. Ora, nestes casos, a relação entre particulares tem obviamente uma dimensão publicística, o que inclui a respectiva tutela jurisdicional e a respectiva cautelarização da actividade administrativa.

Procurando a clareza, a relação compõe-se estruturalmente de dois tipos de elementos: por um lado, o reconhecimento posto pela norma jurídica a favor da tutela da posição jurídica de um particular e em prejuízo de um outro interesse privado; por outro, a pretensão do interessado a ver tutelado o seu direito através de um acto administrativo em concreção da norma atributiva. A pretensão não pode deixar de englobar a ilegitimidade da actuação do terceiro em violação do direito do interessado, que pode, igualmente, pedir a anulação do acto que tenha sido produzido.

Em resumo, a Administração é (também) chamada a resolver o conflito entre interesses privados segundo o *Konfliktschlichtungsprogramm* jurídico-ambiental previa-

---

[127] M. SCHMIDT PREUß, *Kollidierende Privatinteressen...*, op. cit., pp. 84 e ss e 426 e ss.

mente definido [128]. Quer dizer, a poligonalidade da relação jurídico-administrativa atravessa também a natureza das posições jurídicas, com a consequência do direito subjectivo acompanhar a multipolaridade da relação jurídica.

Configurando uma visão unitária da relação jurídica poligonal, não só as relações horizontais entre particulares se publicizam como os terceiros são titulares de direitos subjectivos e não de meros interesses legítimos ou interesses legalmente protegidos [129]. Pode até acontecer que estes venham munidos de uma posição jurídica que dificilmente poderia suceder no âmbito de uma relação bipolar.

Um outro efeito desta construção é a diminuição da tutela jurisdicional comum e a crescente cautelarização da actividade (artigo 84.º e segs. do CPA) e justiça administrativas (artigo 112.º e segs. do CPTA).

Toda esta construção gira, como se disse, em torno da noção de *Verwaltungsverhältnis,* cuja compreensibilidade prática não pode sugerir transposições de plano e mecanicistas, embora agora mais facilitadas pela subjectivação da justiça administrativa.

Densificando o problema, esta construção, resumidamente apresentada, comporta, na sua versão tradicionalmente actícia, uma dificuldade essencial, que se prende com a pluralidade e diversidade dos efeitos do acto administrativo na esfera jurídica dos sujeitos envolvidos na relação poligonal. Se é verdade que estamos perante um acto administrativo com pluralidade de efeitos, também é verdade que esta construção não apresenta grandes especificações, com a consequência (porventura inevitável?) do

---

[128] M. SCHMIDT PREUß, *Kollidierende Privatinteressen...*, op. cit., p. 622 e ss.

[129] Sobre esta problemática, cfr. COLAÇO ANTUNES, *A Teoria do Acto e a Justiça Administrativa...,* op. cit., p. 28 e ss.

quid próprio do terceiro se poder esfumar perante o destinatário do acto.

Depois, é dificilmente sustentável a similitude dos sujeitos e das respectivas posições jurídicas, bem como dos efeitos do acto administrativo [130]. Dito de outra forma, o acto administrativo com vários destinatários e efeitos parece ofuscar a especificidade da relação de direito administrativo poligonal no que tange à relação horizontal entre particulares posta pela norma administrativa.

Resultando a relação jurídico-administrativa poligonal da prática de um acto administrativo, em diminuição da norma de direito público, a posição do terceiro pode decair para uma posição de menor tutela, na medida em que a sua posição jurídica é também ela menos relevante e densa. Com efeito, o terceiro não pode, no essencial, exigir a tutela da (sua) posição jurídica pelo destinatário do acto, a não ser nos termos e modalidades em que este foi praticado. Nada mais, ao invés do que acontece quando a sua situação jurídica vem tutelada directamente pela norma administrativa, ganhando uma protecção judicial acrescida em função do reforço da sua situação jurídica.

Em extrema síntese, no caso de uma relação jurídica multipolar posta (directamente) pela norma não só os efeitos jurídicos são outros, em relação aos produzidos pelo acto administrativo, como a sua posição jurídica é distinta. Esta peculiaridade do terceiro pode, inclusive, dar azo a pedidos condenatórios de abstenção de prática do acto (artigo 37.º/2/c) do CPTA), de mais difícil admissibilidade quando a relação poligonal tende a manifestar-se apenas através do acto administrativo expresso (cfr., no entanto, o artigo 51.º/4 do CPTA). Como pode haver lugar a preten-

---

[130] Em sentido divergente, V. PEREIRA DA SILVA, *Verde Cor de Direito. Lições de Direito do Ambiente*, Coimbra, 2002, p. 96.

sões processuais perante particulares, face à passividade da Administração actuar perante um sujeito (artigo 37.º/3 do CPTA), sendo que esta pretensão processual exemplifica bem a publicização (e processualização) das relações entre particulares no âmbito de uma relação jurídica administrativa poligonal [131]. Esta forma de tutela jurisdicional é mais do que uma técnica jurídica, constitui uma verdadeira inovação processual, ganhando, também, a dignidade de processo principal.

A exigência do direito comunitário e do direito nacional, no sentido das actividades industriais funcionarem correctamente em qualquer momento, comporta alguns efeitos processuais relevantes. O principal desses efeitos é o de que não se trata apenas de uma pretensão anulatória (até porque o acto administrativo já pode ter formado caso decidido ou até inexistir) como de uma pretensão (prestacional) que se dirige contra a Administração ou mesmo contra o autor da actividade danosa. A particularidade está em que a pretensão processual não se deduz inevitavelmente do acto, mas a partir do direito plurisubjectivo do autor (popular).

As referidas disposições normativas, a favor de terceiros, ao admitirem a acção correctora da Administração sobre o acto autorizativo, têm, se assim podemos dizer, um carácter de *drittschützende Rechtsnormen* [132].

A relação jurídico-administrativa poligonal, sobretudo quando o procedimento é de iniciativa particular, tem uma outra consequência assinalável: a processualização do procedimento (com refracções ao nível da legitimidade

---

[131] Cfr. AROSO DE ALMEIDA, *O Novo Regime do Processo nos Tribunais Administrativos*, 4.ª ed., Coimbra, 2005, p. 127.
[132] M. SCHMIDT PREUß, *Kollidierende Privatinteressen...*, op. cit., p. 496 e ss.

processual) e a sua crescente contenciosidade. Com efeito, a participação do terceiro, titular de direitos (e não apenas de interesses legítimos) no procedimento administrativo, ganha contornos de oposição, na medida em que se pretenda impedir a prática do acto ou a alteração do seu objecto ou conteúdo.

Através da participação procedimental, o terceiro titular de posições jurídicas sujeita também, com base na norma poligonal, ao órgão administrativo a relação entre situações jurídicas privadas (*Horizontalverhältnis*). Desta forma, a relação jurídica poligonal participada procedimentalmente alarga não só o objecto da decisão administrativa como também o objecto do processo administrativo, englobando a tutela da posição jurídica do terceiro.

Note-se, a participação do terceiro no procedimento administrativo poligonal (artigo 53.º do CPA e artigo 4.º da Lei n.º 83/95, de 31 de Agosto) não aspira simplesmente a ver rejeitada a pretensão do requerente, mas a sua rejeição em função da lesão eventualmente sofrida pela prolação de um acto favorável ao primeiro [133]. Neste sentido, a Administração não pode ignorar, sob pena do acto vir inquinado, por défice de ponderação, na sua legalidade--juridicidade, a posição jurídica do terceiro, tendo em consideração os efeitos jurídicos (desfavoráveis) do acto sobre a sua esfera jurídica.

O terceiro, ao manifestar, procedimentalmente, o seu direito (ou pretensão legalmente protegida), contesta, ao abrigo da norma multipolar, a posição jurídica da "parte principal". Como se vê, não se trata de uma mera participação-colaboração, sendo que, no caso dos titulares dos interesses difusos a sua posição jurídica deve coincidir

---

[133] M. SCHMIDT PREUß, *Kollidierende Privatinteressen...*, op. cit., p. 495.

axiológico-normativamente com o interesse público visado pela Administração pública. Daí a autonomia processual do actor popular e da sua acção quando tal não suceda.

A circunstância do direito administrativo poligonal vir inevitavelmente caracterizado por factores ou elementos de maior publicidade [134], a que corresponde o dever de decidir (*Konfliktschlichtung im Einzelfall*) dos órgãos administrativos, parece ser um dado pacífico no ordenamento jurídico administrativo [135].

O que acabamos de dizer ganha todo o seu esplendor nos procedimentos administrativos autorizativos complexos, com amplas refracções no ambiente (veja-se a autorização ambiental).

Estas modestas e resumidas considerações pretendem, contudo, ser suficientes para desnudar a insuficiência de um modelo de actividade administrativa baseada sobretudo no acto administrativo e no interesse público, por um lado, e a posição jurídica do destinatário da decisão administrativa, por outro.

Uma visão compósita e poligonal do procedimento administrativo permite descobrir espaços conceptuais e funcionais novos, no âmbito dos quais emergem fenómenos muito relevantes para o direito administrativo do ambiente e a sua tutela jurisdicional.

Pensamos que uma das consequências mais vistosas desta construção dogmática está, precisamente, na cautelarização da actividade administrativa, em função da

---

[134] COLAÇO ANTUNES, *A Teoria do Acto e a Justiça Administrativa...*, op. cit., p. 79 e ss.

[135] R. WAHL, "Verwaltungsverfahren zwischen Verwaltugseffizienz und Rechtsschutzauftrag", in *VVDStRL*, n.º 41, 1983, p. 153. Com uma argumentação semelhante, P. BADURA, "Das Verwaltungsverfahren", in *Allgemeines Verwaltungsrecht* (Coords. H. ERICHSEN e D. EHLERS), Berlin, 2002, p. 480 e ss.

relação de *barreira-limite* posta pela norma poligonal e do alargamento do objecto do procedimento e até do processo administrativo.

A natureza (opositiva) da participação procedimental dialógica ou co-constitutiva do terceiro [136], ao mesmo tempo que amplia o objecto do procedimento, vincula a Administração a proceder também em função da sua pretensão, sendo que o seu acolhimento pode impedir um desfecho do procedimento em sentido favorável ao particular que despoletou o procedimento [137]. Assim sendo, cabem aqui, como é bom de ver, todas as garantias administrativas e processuais [138].

Esta participação procedimental, de cariz processual, tem ainda o mérito de evitar uma espécie de "preclusividade substancial" no terreno processual, o que bem poderá suceder quando as malhas de legitimidade e interesse processual se apresentem distantes (na justiça administrativa) ou divorciados do direito de acção.

Para concluir, o silêncio da Administração ganha contornos peculiares na relação jurídica poligonal, permitindo, inclusive, o desencadear de vários pedidos condenatórios paralelos de sinal contrário (artigos 66.º e segs. e 37.º/2/c) do CPTA), em função da posição na relação procedimental poligonal e da natureza das situações jurídicas em litígio.

Em suma, a nova construção dogmática da relação jurídico-administrativa poligonal desencadeia uma série

---

[136] SÉRVULO CORREIA, "O direito à informação e os direitos de participação dos particulares no procedimento", in *Legislação (Cadernos de Ciência de Legislação)*, n.ºs 9/10, 1994, p. 145 e ss.

[137] Sobre a chamada *Sperrwirkung,* cfr., por todos, M. SCHMIDT PREUß, *Kollidierende Privatinteressen..., op. cit.,* p. 188 e ss.

[138] Note-se que no ordenamento jurídico alemão a tutela administrativa assume um papel de todo relevante.

de novos problemas para o direito administrativo, a que não é alheia sequer a responsabilidade administrativa extracontratual. Note-se que podem estar criadas as condições para uma responsabilidade solidária entre a Administração e o beneficiário do acto administrativo sempre e quando venham ilegitimamente lesados os direitos e interesses legalmente protegidos dos terceiros, tutelados ao abrigo da norma administrativa poligonal.

O que acabámos de dizer ganha toda a pregnância se não esquecermos que vivemos numa sociedade de risco e lidamos quotidianamente com uma Administração cautelar.

Antes de nos debruçarmos sobre este ponto, convém reafirmar que a norma poligonal tem uma natureza substantiva e procedimental (inclusive processual). Cai, portanto, a *teoria da separação* [139]. Supera-se, assim, o entendimento clássico da relação jurídica poligonal, para quem a norma (poligonal) estabelecia uma relação incomunicante entre as partes: cabe agora a relação do terceiro com a Administração, do destinatário do acto com a Administração (relação de direito público), bem como aquela (que também se publicizou) que se estabelece entre o beneficiário-destinatário do acto e o terceiro.

---

[139] M. SCHMIDT PREUß, *Kollidierende Privatinteressen...*, op. cit., p. 72 e ss.

6. Administração cautelar e tutela jurisdicional

A imperfeição da norma jurídica, uma constante do ordenamento jurídico, e a força normativa do facto invocada por uma Administração de risco que actua na base da emergência, parecem dever configurar um sistema administrativo caracterizado pela cautela e pela proporcionalidade da medida.

Face a situações caracterizadas pela incerteza técnico-científica, a Administração deve agir com prudência sem cair no autoritarismo tecnocrático de elevar a técnica a uma espécie de *Grundnorm* [140]. Se o acto administrativo não pode considerar-se uma criação perfeita, porque imperfeito é o parâmetro normativo em que se baseia, a sua legitimidade há-de buscar-se normativamente no princípio da proporcionalidade. Como a Administração deve tentar conhecer o melhor possível o objecto sobre que incide a decisão administrativa, adquire uma importância vital a fase instrutória. Assim sendo, o princípio da precaução assume o papel de super-princípio de natureza procedimental [141], fornecendo ao juiz um critério metodológico

---

[140] Curiosamente, existe o perigo de um conformismo científico, porventura não menos grave do que o conformismo jurisprudencial. Neste sentido, G. SILVESTRI, "Scienza e coscienza: due premesse per l'indipendenza del giudice", in *Dir. pubbl.*, 2004, p. 417.

[141] Não advogamos, como fazem alguns autores, a tese de um conceito alargado do princípio da prevenção. Se é certo que este princípio tenderia a preservar ou garantir a causalidade, a verdade é que

adequado à ponderação dos bens constitucionalmente protegidos [142].

Se a Administração vem crescentemente vinculada, isso significa uma menor dose de incerteza e de discricionaridade. Por outro lado, uma Administração mais vinculada é uma Administração que actua com menor autonomia em relação ao político e, porventura, com menor equidade.

Note-se que a Administração ambiental se rege, frequentemente, pelo princípio da emergência [143], ao mesmo tempo que o legislador se vê incapacitado de regular toda uma enorme variedade de situações tocadas pela incerteza. É certo que o papel do legislador permanece fundamental na definição dos bens a tutelar e das modalidades através das quais os bens devem ser tutelados, mas já não pode ser uma espécie de supremo *conditor juris* [144].

Se assim é, torna-se indispensável reconhecer à Administração uma certa margem de apreciação e de decisão, sendo que esta vem hoje vinculada pelas regras e princípios intrínsecos da função administrativa (artigo 266.º/2 da CRP). Por outras palavras, um direito do am-

---

frequentemente a relação de causa-efeito não está estabelecida (cientificamente), o que deixaria sem tutela as situações geradoras de risco incerto.

Nestes casos, obviamente, deve exigir-se ao juiz, em regra, uma probabilidade razoável e não uma mera suspeita.

A grande dificuldade está no facto de ao juiz, mesmo perante decisões de risco, não ser permitido julgar do mérito.

[142] G. FERRARI, "Biotecnologie e diritto costituzionale", in R. FERRARA / I. MARINO (coords), *Gli organismi geneticamente modificati. Sicurezza alimentare e tutela dell'ambiente,* Padova, 2003, p. 18.

[143] Cfr. PEDRO GASPAR, *O Estado de Emergência Ambiental,* Coimbra, 2005, p. 45 e ss.

[144] M. FERRARESE, *Il diritto al presente. Globalizzazione e tempo delle instituzioni,* Bologna, 2002, p. 81.

biente de princípios, apoiado no facto administrativo, parece-nos constituir o melhor caminho para enfrentar a incerteza de uma Administração de risco.

Com efeito, a utilização de conceitos jurídicos indeterminados e o reenvio para fontes secundárias, entre muitos outros factores, estende notavelmente o campo da função administrativa.

É um dado insuperável que na sociedade de risco estão em causa as chamadas normas reguladoras de exercício do poder e, assim, o princípio da legalidade não está mais em condições de limitar o poder administrativo sem o auxílio, nomeadamente, do princípio da proporcionalidade.

Como já foi referido, a Administração de risco e a incerteza técnico-científica que a caracteriza impõe uma espécie de cautelarização da actividade administrativa, antes mesmo da cautela processual. Os requisitos da urgência e da precaução devem agora ser entendidos como elementos intrínsecos e constitutivos do interesse público a prosseguir e da tutela das posições jurídicas dos particulares [145].

Uma Administração de risco devidamente cautelarizada [146] deve renovar a noção de tempo da sua actividade. A Administração ambiental não está fora nem dentro do mercado, porque, como toda a Administração, tem o dever inalienável e imprescritível de prosseguir o interesse público (ambiental).

A reconfiguração do tempo administrativo obriga a Administração a emanar actos administrativos a tempo

---

[145] COLAÇO ANTUNES, *A Teoria do Acto e a Justiça Administrativa...*, op. cit., p. 176.

[146] F. DE LEONARDIS, *Il principio di precauzione nell'amministrazione di rischio*, Milano, 2005, p. 353.

determinado e renováveis [147]. Desta forma, o acto legítimo torna-se, por vezes, ilegítimo, como igualmente ressalta da inconstitucionalidade superveniente de um dispositivo legal que se tornou obsoleto e violador dos valores constitucionais em presença.

Regressando aos actos administrativos autorizativos constitutivos de direitos e interesses legalmente protegidos, estes devem ser periodicamente sujeitos a reexame em função da sua permanente congruência com o interesse público a prosseguir, o que implicará, senão a revisão do artigo 140.º do CPA [148], pelo menos uma outra leitura mais restritiva [149]. É também a necessidade de gerir a incerteza

---

[147] GOMES CANOTILHO, "Actos autorizativos jurídico-públicos e responsabilidade por danos ambientais", in *BFDUC,* vol. LXIX, 1993, pp. 41 e 42, fala de uma reserva a favor da Administração e da perda de estabilidade do acto autorizativo.

[148] Este problema poderia resolver-se através de uma construção diferente da distinção entre *revogação* e *anulação*. Com efeito, o que distingue estas duas figuras não são tanto os motivos como o seu objecto. Enquanto a anulação administrativa aponta apara a eliminação do acto inválido e o seu objecto é o acto e os seus vícios, a revogação elimina a relação ou situação jurídica derivada do acto e o seu objecto são os efeitos do acto.

Esta construção teria a vantagem de dar resposta à ilegalidade superveniente. Já a impossibilidade superveniente é, quanto a nós, um motivo de ineficácia (superveniente) do acto administrativo e não um motivo de invalidade, pelo que deveria ser revogado (e não anulado).

Se o acto administrativo surge validamente na vida jurídica, este não poderá ser anulado. Neste caso, deve utilizar-se a revogação como forma de eliminar a relação ou situação jurídica criada pelo acto – válido no momento da sua produção – mas cujos efeitos a ordem jurídica não pode depois manter por razões de legalidade (alteração normativa ou de circunstâncias) ou de oportunidade (alteração dos critérios de apreciação).

[149] COLAÇO ANTUNES, *A Teoria do Acto e a Justiça Administrativa...*, op. cit., p. 272.

em tempos rápidos, a justificar o efeito de concentração dos procedimentos autorizativos complexos em matéria ambiental.

A actividade administrativa de risco não vem modelada pelo tempo normal do procedimento administrativo mas pelo tempo rápido da urgência, em relação com a qualidade e duração da participação procedimental. A urgência, neste caso, é um elemento constitutivo do interesse público ambiental [150].

O tempo rápido e a incerteza manifestam-se ainda na organização administrativa: a necessidade de intervenções rápidas e técnicas exige novas estruturas administrativas capazes de agir em tempos limitados, o que explica, em parte, a proliferação das entidades administrativas independentes (artigo 267.º/3 da CRP).

Observe-se que, num primeiro momento, a posição jurídica ambiental vinha normalmente inserida na fase de decisão ou mesmo na fase integrativa da eficácia, enquanto hoje o tempo procedimental do ambiente se antecipou para a fase instrutória.

Para utilizar os termos de uma Comunicação da Comissão Europeia, o princípio da precaução pode traduzir-se na emanação de actos com efeitos jurídicos externos. Com efeito, uma vez analisados os dados científicos disponíveis, vista e ponderada a incerteza sobre o alcance dos riscos para os bens jurídicos a proteger, a Administração pode e deve adoptar medidas preventivas, sem esperar que se demonstre plenamente a realidade e a gravidade do risco e do perigo. Por exemplo, proibições de comercialização de certos produtos ou fármacos, revogação de actos autorizativos de actividades perigosas ou até o emprego

---

[150] COLAÇO ANTUNES, *A Teoria do Acto e a Justiça Administrativa...*, op. cit., p. 174 e ss, nota 1.

de determinadas artes ou técnicas na pesca de determinada espécie.

Como se sabe, todos estes actos administrativos, ao incidirem na esfera jurídica dos particulares, estão sujeitos ao teste de juridicidade, de modo a apreciar a sua adequação ao interesse público prosseguido e à tutela dos direitos e interesses legalmente protegidos [151].

Nestas situações, costuma dizer-se que o controlo jurisdicional é limitado, em função do erro manifesto ou do desvio de poder. Creio que nesta forma de ver as coisas existe um equívoco [152], na medida em que o tribunal não tem a intenção de examinar sem limite algum a bondade da decisão administrativa. Uma coisa é o juiz não poder substituir o seu critério ao da Administração, outra muito diferente é a de que ao julgar o juiz deva auto-restringir-se.

Trata-se, no fundo, de distinguir um controlo prudente de um controlo jurisdicional limitado. Quando há alguma discricionaridade, de facto, o controlo jurisdicional é até mais amplo, por recurso aos princípios consagrados no artigo 266.º/2 da CRP. Em suma, não devemos confundir a prudência ou a contenção com um controlo judicial mínimo ou limitado. Estas medidas de carácter preventivo e cautelar podem ser objecto de um controlo formal como também material através do exame das entranhas do processo decisório, verificando se elas são adequadas de direito e de facto aos objectivos que as justificaram. Nada impede, aliás, o juiz, ao examinar a pretensão do requerente, de dispor, em sede jurisdicional, de

---

[151] FILIPA CALVÃO, *Os Actos Precários e os Actos Provisórios no Direito Administrativo*, Porto, 1998, pp. 250 e ss e 266 e ss.
[152] COLAÇO ANTUNES, *A Teoria do Acto e a Justiça Administrativa...*, op. cit., p. 161 e ss.

uma análise científica que contradiga a que fundamentou a decisão administrativa.

Não se trata de sobrepor o critério do juiz ao da Administração ou até de optar pela postura científica que se julga mais correcta, mas de exercer a competência que lhe é própria de reanalisar e qualificar juridicamente os factos. Perante a insuficiência (qualificatória dos factos) produzida pela Administração, por carecer dos requisitos legais, o tribunal pode pronunciar-se, utilizando para o efeito as análises formalmente homologáveis que tenham sido elaboradas para substituir as primeiras [153]. Não é certo, portanto, que o juiz não possa substituir a apreciação e qualificação dos factos efectuada pela Administração, acrescendo, inclusive, o princípio da repartição do ónus da prova objectivo [154].

Como a doutrina tem assinalado, a provisoriedade é uma das características definidoras dos actos administrativos que se praticam ao abrigo da tutela preventiva do ambiente. Neste sentido, o particular que viu afectado o seu património jurídico pelas decisões tomadas, tem todo o direito, face à alteração das circunstâncias de facto e de direito, de pretender vê-las revistas ou alteradas ou mesmo revogadas, podendo até utilizar para o efeito os meios judiciais adequados, inclusive os meios condenatórios (artigos 51.º/4 e 66.º e segs. do CPTA), ou até cumulá-los.

Outra coisa, bem diferente, é o valor do silêncio administrativo, conjugado com o princípio da decisão (artigo 9.º

---

[153] COLAÇO ANTUNES, *A Teoria do Acto e a Justiça Administrativa...*, op. cit., p. 182 e ss.

[154] Parece, aliás, ainda que de forma titubeante, ser a tese sustentada pelo Tribunal de Primeira Instância na sentença *Pfizer Animal Health / Conselho*.

do CPA), à luz do princípio da precaução ou da prevenção. O órgão com competência para decidir, analisados os dados científicos, pode optar por agir ou não, ou até deixar para mais tarde a prática do acto administrativo. Diríamos mesmo que a renúncia justificada ao poder administrativo não se convola necessariamente numa renúncia à competência, nos termos do artigo 29.º do CPA [155].

Em nossa opinião, nestas situações de risco, a possibilidade de agir ou não pertence ao âmbito da reserva administrativa, pelo que só é susceptível de controlo jurisdicional a juridicidade da decisão. Por exemplo, se se concluir que a decisão de não actuar viola um direito fundamental ou um princípio essencial da actividade administrativa, caberá ao juiz administrativo condenar a Administração a agir (desde que, obviamente, não haja discricionaridade quanto ao *an*), adoptando as medidas necessárias e adequadas para evitar a lesão.

Em suma, o exercício da função administrativa nem sempre se convola em exercício do poder, referido à decisão de agir ou não. Como o exercício da função não se identifica necessariamente com o exercício do poder, o dever jurídico de decidir não se sobrepõe ao poder discricionário legitimamente posto [156].

Dito isto, não convém perder de vista o horizonte axiológico e deixar-se perder com os encantos de sereia postos pela nova justiça administrativa em matéria de silêncio (negativo) e de meios condenatórios. No âmbito do

---

[155] Cfr. C. BLUMANN, *La Renonciation en Droit Administratif Français*, Paris, 1974, p. 257 e ss, por onde parece perpassar uma certa confusão entre autovinculação e renúncia.

[156] Veja-se o magnífico mas esquecido estudo de F. LEDDA, *Il rifiuto di provvedimento amministrativo,* Torino, 1964, esp. p. 75 e ss.

No fundo, o que verdadeiramente interessa ao dever jurídico de decidir é o silêncio como mero facto jurídico.

princípio da precaução e da Administração de risco [157], a discricionaridade quanto ao *an* (e ao *quando*) apresenta contornos mais amplos, complexos e flexíveis. Por outras palavras, se não existe um dever (estrito) de agir, as coisas são diferentes, além de que a margem de apreciação é aqui qualitativamente distinta e mais densa.

Na verdade, a ausência de acção, no âmbito do princípio da precaução, pertence a um domínio que escapou, em certa medida, ao legislador quando pensou o regime da acção de condenação à prática de acto legalmente devido (artigo 66.º e segs. do CPTA) para a hipótese da acção particular e da tutela das respectivas posições jurídicas.

Na verdade, quando a Administração elege entre soluções juridicamente indiferentes, cabe ao tribunal evitar que essa discricionaridade se converta em arbitrariedade, de modo que a opção escolhida, aparentemente tão correcta como a afastada, cumpra com a legalidade e se ajuste aos fins que justificam a atribuição do poder discricionário.

Se para o ordenamento jurídico é indiferente que a Administração actue ou não, não parece existir forma alguma do juiz administrativo a constranger a fazer o que não fez. Assim, ao manter-se inerte, a Administração não parece ter violado qualquer preceito ou princípio jurídicos. E aqui, mais uma vez, põe-se em causa o princípio tão inquestionado da irrenunciabilidade da competência. Parece, portanto, que o regime da acção de condenação pode não ter o mesmo alcance neste tipo de situações.

De um ponto de vista formal, o silêncio administrativo é inoperante. Se se analisam os artigos 9.º, 58.º, 108.º

---

[157] A expressão, já antes utilizada, é retirada de F. DE LEONARDIS, *Il principio di precauzione nell'amministrazione di rischio*, Milano, 2005.

e 109.º do CPA, que são em si mesmos contraditórios, ver-se-á que estão pensados para aqueles procedimentos administrativos dirigidos para o reconhecimento ou a constituição de direitos e interesses legalmente protegidos [158].

Em extrema síntese, queremos aventar a hipótese hermenêutica de que no âmbito do princípio da precaução e da respectiva Administração de risco poderá não existir, ou terá outra complexidade e dificuldade, o direito dos particulares de ver condenada a Administração a agir, porque, desde logo, não há, em bom rigor, o chamado deferimento tácito ou indeferimento tácito.

Tendo ainda em atenção a temporalidade do agir administrativo e das medidas preventivas, uma reflexão breve sobre a tutela cautelar.

Creio que a natureza das medidas em aplicação do princípio da precaução e as circunstâncias em que são ditadas, obrigam a redefinir os parâmetros hermenêuticos da justiça cautelar, quaisquer que sejam os motivos em que se apoie a pretensão processual: *periculum in mora* ou *fumus boni iuris*. O fiel da balança há-de, forçosamente, deslocar-se para o prato dos valores prosseguidos pelo princípio da precaução, de forma que apenas o dano certo, grave e iminente para outros interesses públicos de igual relevância ou a convicção de que as medidas decretadas são manifestamente inválidas hão-de permitir deixá-las sem eficácia.

Note-se que a *anestesia* cautelar dos efeitos de actos, por definição transitórios, equivale frequentemente a negá-los, de tal modo que, uma vez resolvido o fundo da causa e julgada a sua conformidade jurídica, o levanta-

---

[158] COLAÇO ANTUNES, *Para um Direito Administrativo de Garantia do Cidadão e da Administração*, op. cit., p. 57 e ss.

mento da medida cautelar pode resultar inútil, tendo em conta que as circunstâncias que motivaram a sua adopção podem ter já desaparecido ou mudado completamente.

Neste sentido parece ter andado o TJCE na sentença ditada a 12 de Julho de 1996 (Processo Reino Unido//Comissão, mais conhecido pelo caso das vacas loucas).

Como *standard* de comportamento administrativo ou princípio metodológico, o princípio da precaução goza, como vimos, de uma valência substantiva e processual.

7. Continuação. Alguma especificidade da justiça ambiental

7.1. Considerações introdutórias

Desenvolveram-se, historicamente, concepções diferentes do controlo jurisdicional da actividade administrativa, tendo o legislador optado, no essencial, com a reforma da justiça administrativa de 2002/2004, pelo modelo subjectivista. O ponto de partida foi a Lei Fundamental, especialmente os artigos 20.º e 268.º/4.

De acordo com o novo contencioso administrativo, de inspiração maioritariamente alemã, procurou-se identificar os diferentes tipos de posições jurídicas dos particulares, que vieram ampliadas e densificadas, como se nota na convolação do interesse legítimo em interesse legalmente protegido (nas suas relações com a Administração), com os diferentes tipos de acção e a natureza da actividade administrativa.

Não obstante a matriz subjectivista da justiça administrativa (artigo 2.º e segs. do CPTA), o modelo de *droit administratif* não foi completamente varrido da cena jurisdicional, mantendo-se um controlo jurisdicional objectivo de assinalável importância. Desde uma ampla legitimidade processual até à acção popular e à acção pública (sem esquecer as acções sobre normas), acções que têm uma particular serventia, como se salienta no programa da disciplina, no âmbito da justiça ambiental (artigo 9.º do CPTA, por exemplo).

Somos dos que pensam que a opção do legislador nesta matéria foi sábia e prudente, pois há mais mundo jurídico para além da acção particular.

Um dos pontos onde a especificidade do contencioso ambiental pode fazer sentir a sua presença diz respeito, em continuação do que antes dissemos, ao silêncio administrativo e à tutela cautelar.

A inactividade administrativa, que não é mais do que uma forma de definir um problema característico do direito administrativo, pressupõe, no contencioso ambiental, uma dimensão essencialmente objectiva da função jurisdicional, ao invés do que sucede no comum dos casos (artigo 66.º e segs. do CPTA) [159]. Agora, a pretensão subjectiva do autor popular (Lei n.º 83/95, de 31 de Agosto) confunde-se com a defesa da legalidade da actuação administrativa e, em última instância, com o interesse público que aquela deve prosseguir [160].

Repare-se que a epígrafe do artigo 66.º de CPTA é a de "condenação à prática de acto devido", o que significa que a fórmula mágica da inactividade se mantém, apesar de vir normalmente interpretada em sentido subjectivo como pretensão processual assente numa posição jurídica do cidadão.

Uma outra nota sobre a natureza compósita do regime processual da acção de condenação está no saber separar a actividade administrativa vinculada da actividade administrativa discricionária e, assim, também, o reconhe-

---

[159] COLAÇO ANTUNES, "A acção de condenação e o direito ao acto", in COLAÇO ANTUNES / SÁINZ MORENO (Coords.), *Colóquio Luso-Espanhol, O Acto no Contencioso Administrativo – Tradição e Reforma*, Coimbra, 2005, p. 215 e ss.

[160] COLAÇO ANTUNES, "O equívoco da discriminação plurisubjectiva na tutela de um mítico personagem: de Jhering a Giannini", in *Cadernos de Justiça Administrativa*, n.º 30, 2001, p. 26 e ss.

cimento da variedade semântica e axiológica das diferentes situações jurídicas de que o particular é titular [161].

Uma outra particularidade pode estar no facto de, no contencioso ambiental, se contrapor à discricionaridade administrativa um direito subjectivo coincidente com o fim que a Administração deve prosseguir, o que implicará um controlo jurisdicional mais intenso, a par de uma menor liberdade de decisão do órgão com competência para praticar o acto administrativo.

Não se trata, porém, de reconhecer direitos subjectivos em todo o lado, em substituição do poder discricionário, como parece fazer alguma doutrina mais extremadamente subjectivista, convertendo todo o tipo de actividade da Administração em actividade vinculada. Ao invés, os dois tipos de actividade subsistem ao lado uma da outra. A discricionaridade administrativa não é um *mal*, como parece depreender-se de um entendimento do princípio do *Estado de Direito* que preconiza a máxima vinculação possível.

O que de particular transparece na justiça ambiental é a existência de um direito subjectivo pluri-individual e fundamental face ao poder discricionário reconhecido pela lei à Administração. Isto é assim, pela coincidência entre a posição jurídica do cidadão com o interesse público prosseguido pela Administração pública [162]. O seu *quid* está em que o reconhecimento do poder discricionário não invalida o reconhecimento e protecção do direito subjectivo ambiental. Não só o controlo jurisdicional é mais intenso, pelas razões aduzidas, como também a norma jurídica configura

---

[161] COLAÇO ANTUNES, "A acção de condenação e o direito ao acto", *op. cit.*, p. 219 e ss.

[162] COLAÇO ANTUNES, *O Procedimento Administrativo de Avaliação de Impacto Ambiental...*, *op. cit.*, p. 288 e ss.

e tutela autênticos direitos subjectivos primários – direitos fundamentais (artigo 66.º da CRP e artigos 9.º e 109.º e segs. do CPTA, sob a forma de acção popular). Na Alemanha, estas acções, por ausência da acção popular, levam, tradicionalmente, o nome de *Nachbarklagen* ou acções de vizinhança.

Para além do exemplo do direito do ambiente, creio que esta ideia se pode reconhecer também no direito urbanístico, com o reconhecimento de direitos subjectivos individuais e difusos aos proprietários de terrenos e aos cidadãos. Também aqui a discricionaridade administrativa, forte aliás, se confronta com posições jurídicas dos particulares de primeira grandeza, seja o direito de propriedade, seja o direito ao ambiente.

Em extrema síntese, é nossa convicção que a tutela do ambiente-paisagem, apoiada na natureza axiológico-normativa das posições jurídicas do actor popular, pode assumir, numa Administração de risco, uma vertente urgente (concreta) e principal ao harmonizar o disposto no n.º 5 do artigo 20.º da CRP com o regime posto para a intimação para a protecção de direitos, liberdades e garantias (artigo 109.º e segs. do CPTA) [163].

É nossa opinião, que a crescente afirmação dos direitos subjectivos no plano substantivo e processual está na base da recente evolução do direito administrativo (em geral) e do direito público do ambiente em particular.

Já no que se refere à tutela cautelar, acrescendo ao que anteriormente já ficou dito, creio que as hipóteses

---

[163] Perfilhando uma tese mais limitada, face à natureza jurídica do direito do ambiente, CARLA AMADO GOMES, *As Operações Materiais Administrativas e o Direito do Ambiente*, 2.ª ed., Lisboa, 2005, p. 60. Da mesma Autora, "Intimação para a protecção de direitos, liberdades e garantias" (Anotação ao Acórdão do STA, de 18 de Novembro de 2004), in *CJA*, n.º 50, 2005, p. 38 e ss.

generosas postas pela nova justiça cautelar podem ter uma ampla utilização no campo do direito do ambiente [164]. Referimo-nos, em particular, ao regime posto pelo artigo 121.º do CPTA, essa extraordinária criatura processual, uma vez que, sobretudo quanto ao ambiente-paisagem, cabe aqui explorar a possibilidade processual de convolar o processo cautelar em processo principal [165]. Cremos que o risco não é assim tão grande, se não esquecermos a ausência de incoincidência entre a posição jurídica plurisubjectiva do cidadão e o interesse público que a Administração está vinculada a prosseguir.

A justiça administrativa ambiental conforma ou deve conformar ainda mais a actividade administrativa. Precisando melhor a ideia, diríamos que a acção dos poderes administrativos se deveria reger pelo que a jurisprudência diz ser o Direito. Se as coisas se deveriam passar assim em geral, no âmbito do direito do ambiente e da sua aplicação esta ideia ganha outro fôlego, embora saibamos que se trata de uma tarefa difícil, por força da compreensível turbulência da jurisprudência nesta fase inicial de aplicação da reforma.

Repetindo, esta pequena-grande abertura à natureza (infungível) e à delicadeza dos bens jurídicos tutelados deveria obrigar a Administração a reger-se na sua acção pelos parâmetros cautelares definidos pelo juiz administrativo. Neste sentido, advogamos mesmo que a Administração aplique procedimentalmente (participação dialó-

---

[164] Veja-se, por exemplo, o artigo 120.º/4 do CPTA.
[165] Esta tese foi defendida há já algum tempo, ainda no âmbito do anterior contencioso administrativo, por GOMES CANOTILHO, "Privatismo, associativismo e publicismo na justiça administrativa do ambiente", in *RLJ*, n.º 3861, 1996, p. 356.

gica) a doutrina da *teoria da norma de protecção* [166], que é a versão alemã dos interesses difusos, o que, com certeza, poderia evitar, em muito, a litigiosidade ambiental.

7.2. Um passado novo: a aceitação do acto e as suas implicações

Advirta-se, trata-se ainda de uma tentativa de compreender a figura "original" da aceitação do acto e as suas implicâncias substantivas e processuais (artigo 56.º do CPTA).

Iniciamos a nossa reflexão recuperando e problematizando o contributo de *Georg Jellinek* sobre os direitos subjectivos públicos [167].

A ideia fundamental é a de que o direito público poria situações, presumivelmente favoráveis, não apenas no interesse do particular mas sobretudo em obséquio ao interesse público, pelo que o cidadão não poderia dispor livre e autonomamente deste direito. Ao direito subjectivo público seria conatural também uma posição de dever, cabendo ao ordenamento jurídico estabelecer a relação entre as posições jurídicas individuais e o interesse público e, nessa medida, consentir a renúncia sem prejuízo do fim posto pela lei.

Com efeito, da teoria dos direitos subjectivos públicos podemos retirar ensinamentos ou pelo menos a dúvida

---

[166] Sobre as referências ao direito alemão, cfr. G.-VARAS IBÁÑEZ, *La Jurisdicción Contencioso-Administrativa en Alemania*, Madrid, 1993.

[167] G. JELLINEK, *System der subjektiven öffentlichen Rechte*, 2.ª ed., Tübingen, 1905, p. 43 e ss. Cfr. igualmente SCHOENBORN, *Studien zur Lehre vom Verzicht im öffentlichen Recht*, Heidelberg, 1908.

(metódica) da tese-(im)possibilidade de renúncia ao *direito objectivo*, salvo especial autorização da lei. De todo o modo, não se trataria de uma renúncia do particular mas de uma renúncia consentida pelo ordenamento jurídico.

Pressuposto teórico desta construção seria a convicção de que os direitos subjectivos públicos não são inteiramente posições jurídicas individuais, mas situações pertencentes à inteira colectividade [168]. É precisamente esta ideia que torna inconfigurável, para esta tese, a diminuição da posição jurídica e das respectivas faculdades processuais.

Se esta construção parece hoje insustentável do ponto de vista das situações jurídicas dos particulares, já não o será tanto na perspectiva do cidadão como titular de posições jurídicas pluri-individuais. Se entendermos que os direitos subjectivos públicos não se fundam em normas permissivas, poderíamos ser levados a pensar que existe uma conexão dos interesse difusos com o interesse público prosseguido pela Administração e previamente definido e qualificado pela lei. Ora, é precisamente esta conexão que qualifica o sujeito portador-titular dos interesses difusos [169]. Nesta perspectiva, o direito ao ambiente bem pode ser um direito subjectivo público do cidadão [170].

Nas palavras de *Jellinek*, nos direitos subjectivos públicos, a posição jurídica do particular está intimamente ligada ao interesse público, sendo reconhecida sobretudo (pelo ordenamento jurídico) em função do inte-

---

[168] Neste sentido, A. THON, *Norma giuridica e diritto soggetivo: Indagini di teoria generale del diritto*, tr. it., Padova, 1951, p. 127 e ss.

[169] COLAÇO ANTUNES, "O equívoco da discriminação plurisubjectiva na tutela de um mítico personagem...", *op. cit.*, p. 27 e ss.

[170] Parece ser esta a tese de V. PEREIRA DA SILVA, *Verde Cor de Direito...*, *op. cit.*, p. 91 e ss.

resse comum [171]. Aquilo que relativamente ao sujeito representa um direito, constitui ao mesmo tempo um fim do Estado e, portanto, um dever de direito público. Precisamente por esta razão, o Autor germânico entende irrenunciável o *status*, salvo quando a lei expressamente o permite: aquele é um elemento constitutivo da própria personalidade do sujeito.

Esta doutrina não afasta modernamente que, nas relações com o Estado, o cidadão disponha de direitos a prestações ou situações de liberdade ou até de pretensões contra o Estado, como também desaparece a relação de menoridade do cidadão (face ao Estado) e a natureza reflexa da posição jurídica pública [172].

De todo o modo, ficou claro que a doutrina clássica e originante dos direitos subjectivos públicos influenciou fortemente a problemática da aceitação do acto administrativo [173], doutrina que, embora parcialmente ultrapassada, não perdeu todo o seu significado e importância para a nossa temática.

Vejamos agora a tese da aceitação do acto como renúncia à posição jurídica.

Referimo-nos à elegante construção de *Marrama* [174], entre nós representada, no essencial, por *Rui Machete* [175],

---

[171] G. JELLINEK, *System der subjektiven öffentlichen Rechte*, op. cit., p. 55.

[172] Como BERGER inicialmente sustentava, ao afirmar que o direito de domínio (*Herrschaftsrecht*) do Estado se articula com uma série de *direitos funcionais do indivíduo*.

[173] Assim, G. TREVES, "Il problema della rinuncia nel diritto amministrativo", in *Studi in onore di Guido Zanobini*, vol. II, Milano, 1964, p. 375 e ss.

[174] R. MARRAMA, *Rinuncia all'impugnazione ed acquiescenza al provvedimento amministrativo. Vicende dell'interesse legittimo*, vol. I, 2.ª ed., Napoli, 1979, p. 120 e ss.

sendo que, de certo modo, aquele Autor segue a doutrina de *Virga* [176].

O estudo parte da crítica às teses que viam na figura da aquiescência (ao acto) uma espécie de reconhecimento de validade do acto administrativo ou da consequente aceitação do regime jurídico posto pelo acto. Refiro-me especialmente à tese inicial de *Giannini* que, prescindindo da disponibilidade da situação jurídica, vê na aquiescência um acto de efeito preclusivo: uma espécie de auto-obrigação do interessado a reconhecer a eficácia do acto, assumindo conscientemente toda uma séria de efeitos impeditivos de natureza processual e extraprocessual. Na verdade, *Giannini* [177] acrescenta uma pequena palavra que faz toda a diferença "dichiarazione *non* necessaria in funzione di garanzia della efficacia" [178].

Apesar da sólida argumentação de *Giannini* que, numa segunda leitura, adopta a teoria do acto de disposição das situações jurídicas [179], não há dúvida, para a tese em apreço, que a Administração conserva a disponibilidade da relação jurídica administrativa, podendo, inclusive, revogar ou alterar o acto, mesmo que tenha sido prestada a aceitação do acto. Em boa verdade, em regra, a validade e a eficácia do acto administrativo não dependem da vontade do particular.

Para *Marrama,* a aquiescência ou aceitação do acto só assume relevância jurídica quando este produz efeitos

---

[175] RUI MACHETE, "Sanação (do acto administrativo inválido)", in *DJAP*, vol. VII, 1996, p. 336 e ss.
[176] P. VIRGA, *L'acquiescenza al provvedimento amministrativo,* Palermo, 1948.
[177] M. S. GIANNINI, "Acquiescenza", in *Enc. dir.*, I, 1958, p. 507.
[178] O sublinhado é nosso.
[179] M. S. GIANNINI, *Diritto amministrativo,* Milano, 1970, p. 615.

desfavoráveis para o particular; depois, ocorre que se trate de uma situação de potencial reacção processual contra o acto decorrente da legitimidade e interesse processual; a aceitação do acto desfavorável consubstancia-se na autonomia da renúncia à posição jurídica, de que resulta reflexamente a renúncia à impugnabilidade do acto administrativo ou ao direito de acção; por último, a doutrina, assim concebida, admite a possibilidade, dentro de certas condições, do particular prestar procedimental e preventivamente a (sua) aceitação ao acto. A última tese assenta na ideia de que os princípios da boa-fé e da protecção da confiança envolvem as partes do procedimento numa relação de reciprocidade que a ambas obriga.

Retendo o que anteriormente dissemos, põe-se aqui um problema essencial de direito público. Demonstrada a autonomia da renúncia à posição jurídica, relativamente à renúncia ao direito de acção, a questão desloca-se para a compatibilidade do acto "negocial" renunciativo com o objecto e natureza da situação jurídica e, portanto, com a situação de vantagem atribuída ao titular da posição jurídica (que pode até não existir) [180].

Em extrema síntese, se a situação de vantagem permanece íntegra mesmo depois da aceitação do acto, a única *deminutio* respeita à perda do direito de impugnar o acto, que, na doutrina em análise, permanece, pelo menos

---

[180] Esta dificuldade transparece na tese de MARRAMA, *Rinuncia all'impugnazione...*, op. cit., p. 96 e ss, como na leitura de RUI MACHETE.

Há ainda o limite "perverso" do interesse legítimo: a inexistência de protecção normativa directa e imediata do bem. É o interesse legítimo apenas o interesse à legalidade? Onde está então a situação jurídica subjectiva? Como pode haver uma situação jurídica de vantagem do particular se a referida posição de vantagem está relacionada com um bem na disponibilidade da Administração?

teoricamente, estranha à posição jurídica; assim sendo, a aceitação do acto, não implicando diminuição da situação de vantagem, não pode comportar a renúncia à posição jurídica subjectiva.

Apesar da diferente natureza (jurídica) das posições jurídicas, somos de opinião que os argumentos a favor da irrenunciabilidade do direito subjectivo cabem também, pela sua natureza, para o interesse legítimo.

Dito o que ficou dito, chegou o momento de aprofundar as diferenças essenciais entre a renúncia às posições jurídicas e a aceitação do acto.

Numa breve suspensão reflexiva convém, desde logo, compreender que a aceitação do acto não é, em bom rigor, um acto negocial mas antes o efeito gerado pela manifestação de vontade do interessado na aceitação expressa. Esta declaração expressa de aceitação pode ser vista, então, como uma promessa unilateral, o que não nos afastaria muito da aceitação do acto.

Se assim for, o acto volitivo que determina a aceitação do acto distingue-se, obviamente, da renúncia à posição jurídica subjectiva, na medida em que não tem como objecto típico nem como consequência directa e imediata a diminuição da posição jurídica de que o interessado é titular, o que pode ter consequências ao nível dos artigos 38.º e 161.º do CPTA. O ponto de contacto revela-se, ainda que por diferentes razões, na preclusão do direito de acção [181].

Outras notas distintivas podem ver-se no facto do destinatário do acto poder renunciar à sua posição jurídica em qualquer momento, a partir do início do procedimento

---

[181] STELLA RICHTER, *L'inoppugnabilità*, Milano, 1970, p. 147 e ss.

administrativo. Já no caso da aceitação (do acto), não vemos como seja possível antes da emanação do acto administrativo regulador da situação jurídica do particular face à Administração, a não ser que se admita que a vontade administrativa possa ser predeterminada ou conhecida antes do acto final. Estamos a pensar em certos procedimentos administrativos complexos ou até na existência de pareceres vinculativos (artigos 98.º e 99.º do CPA) ou mesmo em pré-decisões em que se anuncia prévia e peremptoriamente o conteúdo do acto administrativo. Outra possibilidade de aceitação preventiva seria a que resulta do disposto no artigo 100.º/1 do CPA, quando é levado ao conhecimento do interessado o sentido provável da decisão. Por outras palavras, o interessado, ao conhecer o projecto de decisão, estaria em condições de manifestar a sua adesão de forma expressa.

Mesmo admitindo as hipóteses elencadas, sobrevive a diferença essencial, relativamente à renúncia (da posição jurídica), desta aceitação prévia (do acto) não poder ser tomada em qualquer fase do procedimento; pensamos que nunca antes de um momento adiantado da fase da instrução (artigo 86.º e segs. do CPA).

Outra diferença, aliás consequencial, está em que a aceitação do acto só opera depois de este ter sido notificado, uma vez que só desta forma o interessado pode manifestar conscientemente o seu consentimento. Deve tratar--se, contudo, de uma adesão livre, consciente e inequívoca do interessado, uma vez que uma adesão genérica não afastaria a dúvida da espontaneidade ou da reserva do interessado. Já não afastamos a possibilidade de uma aceitação parcial, ainda que o entendimento comum aponte em sentido inverso.

Em resumo, não nos parece de todo convincente a tese que equipara a aceitação do acto à renúncia da posição jurídica subjectiva, tanto do ponto de vista da estrutura como ao nível dos efeitos [182].

Uma das suas debilidades mais importantes está em que a posição do particular perante a Administração se reduz praticamente à faculdade de poder requerer (ou não) a anulação administrativa ou contenciosa do acto. De tal modo é assim que a diminuição da posição jurídica vem a coincidir substancialmente com o direito de acção e a sua renúncia. Dito de outro modo, a renúncia à posição jurídica acaba por se identificar com a renúncia ao direito de acção.

Um outro aspecto que nos parece menos persuasivo tem a ver com a ideia de que a aceitação do acto pressupõe necessariamente a existência de um interesse específico à impugnação do acto, numa paradoxal concepção processualista da aquiescência-aceitação do acto que conduz à assimilação da renúncia à impugnação do acto.

Não estamos igualmente certos que a aceitação pressuponha inevitável e necessariamente um acto desfavorável.

Uma reflexão particular é devida à *aceitação tácita do acto* prevista no artigo 56.º/2 do CPTA.

Apelamos aqui a uma concepção da aceitação tácita (do acto) como mero facto a que o ordenamento jurídico liga, ainda que não directamente, efeitos preclusivos.

Como sublinhava *Giannini* [183], a aceitação é de per si um facto ou, mais exactamente, um *evento*. O ilustre Autor esclarecia, no entanto, que tal evento é sempre reconduzível a um acto voluntário do interessado. Convocando os

---

[182] Estamos, assim, em desacordo com R. MARRAMA, *Rinuncia all'impugnazione...*, *op. cit.*, pp. 95 e 96.
[183] M. S. GIANNINI, "Acquiescenza", *op. cit.*, p. 507.

princípios da boa-fé e da protecção da confiança, permitimo-nos discordar do entendimento de *Giannini*.

Baseamos o nosso raciocínio na ideia de que a aceitação tácita do acto administrativo não resulta tanto da manifestação implícita de vontade do interessado como no facto da sua conduta ter gerado na Administração (ou terceiros) o razoável convencimento de que o interessado não tinha qualquer intenção de contestar o acto adoptado.

Como temos sustentado repetidamente, não é apenas a Administração que está obrigada a agir com correcção e coerência mas também o particular [184].

É nossa convicção, em suma, que a natureza tácita da aceitação do acto merece um tratamento diferente da aceitação expressa, ganhando relevo o tratamento dos factos concludentes. Temos para nós, que, no caso da aceitação tácita, resulta forçada e talvez fictícia a referência à vontade do indivíduo, numa apologia do dogma da vontade já não inteiramente coincidente com os postulados da vida quotidiana e da doutrina. A nossa dúvida amplia-se se tivermos em consideração que o seu conteúdo juridicamente relevante vem definido no âmbito de uma relação publicístico-ambiental.

Pelas próprias características do direito administrativo, a condescendência ou colaboração do particular pode não querer significar um real e concreto propósito de

---

[184] Cfr. VIEIRA DE ANDRADE, "A aceitação do acto administrativo", in *BFDUC (Separata de Volume Comemorativo)*, 2002, p. 10 e ss, nota 19.

Como ensina VIEIRA DE ANDRADE, o comportamento ilícito do beneficiário do acto não é imune à invalidade do acto, podendo, nesse caso, falar-se de revogação-sanção, com implicações no alargamento dos prazos impugnatórios (administrativos e contenciosos) e da própria revogação anulatória.

aceitar o acto ou de renunciar ao direito de o impugnar. Basta pensar na executoriedade do acto, mesmo que interpretada restritamente, para se pensar que o comportamento do interessado, antes mesmo de expirar o prazo de impugnação (artigo 58.º/2 do CPTA), não possa ser entendido como aceitação do acto ou renúncia da sua posição jurídica ou ainda ao direito de reagir administrativa e contenciosamente.

Um outro argumento para sustentar a nossa tese está na disciplina processual (artigo 66.º e segs. do CPTA) do silêncio negativo, onde vem entendido como simples inércia ou mero facto e não como um acto expressivo de uma vontade implícita ou tácita da Administração.

Na verdade, o regime posto pelo artigo 56.º do CPTA permite-nos pensar que a aceitação não é de per si um acto jurídico mas um evento que se verifica em duas distintas situações: ou como efeito de uma declaração formal, digamos assim, com a qual o autor aceita expressamente o acto emanado; ou então como consequência de determinados comportamentos do interessado que, independentemente das suas valorações pessoais ou intenções, resultam objectiva e legalmente incompatíveis com a vontade de contestar o acto administrativo [185].

Seguindo esta interpretação da nossa figura, não creio que se possa confeccionar a figura da aceitação do acto quando o particular viole ou desrespeite deveres impostos por lei ou o seu comportamento seja desconforme e contraditório com comportamentos anteriores ou tenha sido determinado ou induzido pela Administração.

---

[185] Se não estamos em erro, VIEIRA DE ANDRADE defende uma posição próxima à sustentada no texto. Cfr. "A aceitação do acto administrativo", *op. cit.*, p. 13.

No nosso modo de ver as coisas, não subsistem obstáculos de natureza técnica ou dogmática que impeçam a vinculação aos princípios da boa-fé e da protecção da confiança do destinatário do acto administrativo [186].

Em conclusão, a aceitação do acto, tal como está definida pelo legislador, é um facto jurídico de que resulta um efeito processual. Na aceitação expressa, tal efeito é querido voluntariamente pelo sujeito em consequência de um acto dispositivo. Na aceitação tácita, a preclusão da impugnação do acto não resulta da vontade, sendo antes uma consequência imposta pelo ordenamento jurídico em resultado do comportamento do interessado susceptível de criar na Administração e nos terceiros uma convicção razoavelmente fundada de que o autor não só aceita o acto praticado como renuncia à sua contestação administrativa e judicial.

Na nossa hipótese doutrinal, a aceitação tácita do acto constitui uma forma de aplicação dos princípios da boa-fé e da protecção da confiança.

Ainda que o exercício de direitos subjectivos fundamentais sejam autorenunciáveis, desde que se mantenha intocável o seu núcleo essencial [187], interrogamo-nos, por último, se esta curiosa figura da aceitação do acto não constitui uma reminiscência semântica do direito civil e do seu processo (artigo 681.º do CPC).

Um direito entende-se sempre reconhecido no interesse do respectivo titular, sendo que a posição jurídica ambiental tem contornos distintos pela coexistência de um dever e da sua íntima relação com o interesse

---

[186] Neste sentido, E. FERRARI, "Acquiescenza", in *Dig. disc. pubbl.*, I, 1987, p. 83 e ss.

[187] VIEIRA DE ANDRADE, *Os Direitos Fundamentais na Constituição Portuguesa de 1976, op. cit.*, p. 319.

público, mesmo quando vem configurado como um direito subjectivo primário (artigo 66.º da CRP)[188] ou dever fundamental.

O problema densifica-se, quando se reconhece a inequívoca natureza de direito, liberdade e garantia ao direito de acção popular (artigo 52.º/3 da CRP) para prevenir ou reprimir actividades lesivas do ambiente[189].

Poderíamos acrescentar que a renúncia indirecta ao direito subjectivo, através da renúncia à acção processual, equivalerá, por um lado, a impor àquele que não tem intenção de renunciar à sua posição jurídica também o exercício do direito de acção e, por outro, a impor a quem queira renunciar à sua posição jurídica a renunciar também ao direito de acção, o que, para além do mais, contrastaria com a natureza declarativa da renúncia e o carácter inapropriável do bem objecto de tutela.

Para concluir, parece-nos avisado que os tribunais administrativos sejam ainda mais severos no reconhecimento de situações de aceitação tácita[190]. Tenha-se presente que comportamentos aparentemente colaborativos, após a adopção do acto administrativo, podem ser ditados mais por razões de evitar consequências danosas resultantes da execução do acto ou de medidas sancionatórias

---

[188] GOMES CANOTILHO, "Procedimento administrativo e defesa do ambiente", in *RLJ*, n.º 3802, 1991, p. 9.

[189] Neste sentido, claramente, RUI MEDEIROS, "O ambiente na Constituição", in *RDES*, 1993, p. 398.

[190] Cfr., por exemplo, o Acórdão do STA, de 7 de Maio de 1992, in *Apêndice do DR*, de 16 de Abril de 1996, p. 2850 e ss, e o Acórdão do STA, de 27 de Junho de 1995, in *Apêndice do DR*, de 10 de Abril de 1997, p. 408.

Mais recentemente, vejam-se os seguintes Acórdãos do STA: de 22/02/2006, P. 0699/05; de 6/04/2006, P. 042939; de 24/10/2006, P. 0140/06.

do que propriamente com o sentido da aceitação do acto e dos seus efeitos desfavoráveis.

Em resumo, no direito público do ambiente, vemos a aceitação do acto como muito improvável face à natureza plurisubjectiva do objecto da relação jurídico-administrativa e das respectivas posições jurídicas.

Não seria mesmo de considerar esta norma como não escrita em relação ao actor popular? Porque de outra forma a renúncia à acção extinguiria também reflexamente o interesse público ou, dito de outra forma, colocar-se-ia um pressuposto para a produção de um efeito impeditivo da realização e tutela do interesse público (protagonizado pelo autor popular). Como se pode excluir alguém que aceitou o acto, quando se admite o recurso a quem quer que pertença ao círculo de interessados?

7.3. O passado que não quer passar: uma breve suspensão reflexiva sobre o interesse processual

Antes de mais, provavelmente, estas considerações podem ser escritas mas, talvez, não pronunciadas por alguém que tem posto alguns limites às interpretações mais extremadamente subjectivistas do novo contencioso administrativo.

Mas comecemos pelo princípio. A doutrina administrativista portuguesa não tem fornecido elaborações satisfatórias sobre a teoria da acção e do interesse processual[191]. Depois, se a revisão constitucional de 1997 foi

---

[191] Salvo melhor opinião, somos ainda reféns dos esquemas da Pandecta quanto ao direito de acção, uma vez que esta era entendida

feita por administrativistas (artigos 20.º e 268.º/4 da CRP), creio que pode estar aí, apesar dos progressos notados, a explicação para não se ter ultrapassado a interpretação do Estado administrativo [192].

No essencial, mantém-se a ideia, na doutrina, do interesse processual como elemento de ligação entre a lesão da posição jurídica substantiva e o pedido processual ou o direito de acção. O interesse processual como pressuposto da acção e não da sentença de mérito, do processo e não do seu acto conclusivo, tanto é assim que foi sempre considerado um elemento preliminar. Nesta perspectiva, o interesse processual desempenha uma dupla função: uma função prática de evitar processos inúteis ou dilatórios e uma função teórica, na medida em que o direito de acção vem funcionalizado pelo interesse processual. Concluindo-se, assim, que o direito de acção não subsiste quando não venha justificado pela lesão, incerteza ou insatisfação da posição jurídica. Daí, a configuração do interesse processual como pressuposto processual. Por outras palavras, o direito de acção depende de algo precedente, de um interesse real, concreto e actual – o interesse processual [193].

---

pela doutrina alemã como ínsita na própria noção de direito subjectivo ou como forma de exercício deste.

[192] Por exemplo, VIEIRA DE ANDRADE, nas suas brilhantes Lições, A Justiça Administrativa, 8.ª ed., Coimbra, 2006, p. 308 e ss, mantém o entendimento de que na acção administrativa especial o interesse em agir tem uma função residual.

Estaríamos, no entanto, ainda mais de acordo com DIMAS LACERDA, Acórdão do STA, de 12 de Abril de 1994, P. 33 395, ao sustentar que o interesse processual não tem autonomia, não fosse o facto de o integrar no conceito de legitimidade. A diferença está em que nós o situamos no direito de acção.

[193] Cfr. os artigos 88.º e 89.º do CPTA. A decisão de forma é tomada no despacho saneador, determinando a absolvição do réu da instância ou a remessa do processo para outro tribunal.

É nossa convicção que o passado passa mais facilmente à luz dos artigos 20.º e 268.º/4 da CRP, mas não basta. Não basta se mantivermos o entendimento de que o direito de acção é um direito subjectivo público, confeccionado a partir de uma posição subjectiva activa que nasce do *status* do cidadão e se concretiza quando surge e se actualiza um interesse juridicamente relevante, com a inevitável consequência do objecto do processo começar por a ser a verificação do direito à tutela jurisdicional.

É também conhecido que nesta elaboração se distingue entre *rechtliche Dürfen* e *rechtliche Können* [194]. Como deixou notar alguma doutrina, configurar o direito à tutela jurisdicional como um direito subjectivo público significa respigar a ideia de que não existem vínculos ou deveres entre as partes e o juiz, para acentuar o ónus (em sentido técnico) dos sujeitos processuais. De facto, o direito de agir é apenas uma expectativa em relação ao processo, subtraindo-se o conteúdo material da tutela (em concreto) da posição jurídica substantiva. Em síntese, o direito subjectivo público como *status* do cidadão (*civitatis, activae civitatis* ou *status activus processualis*) não deixa ultrapassar a ideia do interesse em agir como pressuposto processual [195].

Quer a tese que defende a acção como direito do cidadão, quer aquela que sustenta a acção como poder jurídico não são satisfatórias do ponto de vista constitucional, embora a primeira seja favorável a uma tutela *uti civis*. Expliquemos melhor. A doutrina da acção como direito

---

[194] G. JELLINEK, *System der subjektiven öffentlichen Rechte*, op. cit., p. 54.

[195] G. JELLINEK, *System der subjektiven öffentlichen Rechte*, op. cit., p. 114.

abstracto ou como poder jurídico (de activar a jurisdição) postulam sempre a necessidade de um escrutínio prévio sobre o interesse processual. No primeiro caso, para verificar se subsiste o direito em concreto, enquanto no segundo se exige tipificar antecipadamente o interesse em função do qual se desencadeia a acção.

A tentativa de superar o passado que não quer passar e de construir autonomamente um conceito constitucional do direito de acção tem sido caracterizada pela relação entre os artigos 20.º e 268.º/4 da CRP, mas sempre com base na sua distinção [196]. Na distinção entre o direito de acesso à justiça administrativa (artigo 20.º) e o direito à tutela jurisdicional efectiva (artigo 268.º/4) [197]. Por outras palavras, a segunda disposição constitucional pressupõe a primeira mas (de certo modo) não a confirma *in toto* ou confirma-a de forma autónoma. Esta interpretação parece assentar na ideia do artigo 20.º como mera garantia formal do direito de acção [198], desligada da efectiva protecção das posições jurídicas, enquanto o artigo 268.º/4 parece confirmar a distinção entre a posição substantiva e a posição processual ao fazer recurso ao princípio da tutela judicial efectiva e plena.

A natureza compromissória da Constituição e destes preceitos em particular parece acentuar a interpretação anteriormente exposta. Porém, é nossa convicção que esta tentativa de superar a teoria tradicional do direito de acção e do interesse processual não é suficiente.

---

[196] Cfr. GOMES CANOTILHO, *Direito Constitucional e Teoria da Constituição*, op. cit., p. 487 e ss.

[197] Se não estamos em erro, é o que resulta das Lições de VIEIRA DE ANDRADE, op. cit., pp. 170 e ss e 172.

[198] Neste sentido vai também AROSO DE ALMEIDA, *O Novo Regime do Processo nos Tribunais Administrativos*, op. cit., p. 62 e ss.

O artigo 20.º/1 da CRP diz o seguinte: "A todos é assegurado o acesso ao direito e aos tribunais *para* defesa dos *seus* direitos e interesses legalmente protegidos..." [199].

Se vemos bem, os dois clássicos pressupostos da acção (legitimidade e interesse processual) estão inseridos na referida disposição constitucional, portanto, na estrutura da acção. Se assim é, dificilmente podem os dois elementos ser considerados pressupostos processuais, mas elementos intrínsecos do direito de acção. Relativamente ao interesse processual em análise, a norma diz textualmente que o direito de acção é reconhecido *para* a tutela dos direitos e interesses legalmente protegidos.

Do artigo 20.º da CRP parece resultar, com meridiana clareza, que o direito de acção vem reconhecido *para* a tutela das posições jurídicas substantivas, o que nos leva a pensar que, constitucionalmente, o interesse processual não pode ser considerado um *prius* ou um pressuposto do processo administrativo.

Parece, portanto, que o interesse processual é um elemento enformador do direito de acção ou, por outras palavras, *a causa* do referido direito de acção. Acresce que o direito de acção vem reconhecido constitucionalmente de forma concreta, mais exactamente para a tutela dos direitos e interesses legalmente protegidos. De acordo com o artigo 20.º da CRP, a legitimidade processual é também ela um elemento constitutivo da acção, prevendo-se que o direito de acção seja reconhecido para a tutela dos *seus- -próprios* direitos e interesses legalmente protegidos [200].

---

[199] O sublinhado é naturalmente nosso.
[200] Uma forma de desdramatizar esta temática seria, em matéria de ambiente, convolar o interesse processual em mero *interesse a recorrer*, resolvendo dogmaticamente de uma penada a questão da superveniência de actos na pendência do processo, onde se poderia

Em suma, a falta de legitimidade ou do interesse processual significa, na realidade, carência do direito de acção. Assim sendo, nestas hipóteses, não haverá improcedibilidade da acção mas inexistência da acção e do respectivo direito.

Naturalmente que esta situação de inexistência de acção por falta de interesse processual (*para*) ou legitimidade (*seus*) deverá ser aqui de estrita interpretação e excepcional.

Na disposição constitucional (artigo 20.º), tal como resulta da respectiva epígrafe, não está consagrada apenas a garantia formal, por força da qual *todos* podem agir judicialmente, mas também uma garantia substancial em razão da qual o direito de acção deve garantir a tutela dos direitos e interesses legalmente protegidos. Nestes termos, somos levados a afirmar que o princípio da tutela jurisdicional efectiva está previsto no artigo 20.º da CRP. Por outras palavras, o direito a obter tutela através do exercício da acção configura um direito fundamental de primeiríssimo plano e, portanto, inviolável. Um direito desta natureza não pode ser configurado como dependente do *status civitatis*. Na teoria tradicional dos direitos subjectivos públicos, a acção (ou o processo) é o que torna concretos e tuteláveis o *status libertatis* ou o *status civitatis,* de modo que o direito existe sempre que haja uma acção.

No sistema dos direitos subjectivos públicos, no qual é classicamente inscrita a acção (como direito cívico), o direito vem exercitado contra o Estado-Administração. Trata-se, no fundo, de exercitar uma pretensão

---

levantar de novo o problema do interesse processual quando nos parece que se trata tão-só de garantir a integridade do contraditório.

(*Anspruch*) [201] derivada de um *status* [202]. Outra coisa é um direito inviolável exercitado através da tutela jurisdicional.

Em particular, na acção popular, a necessidade de tutela jurisdicional foi previamente ponderada pelo legislador constitucional (artigo 52.º/3), face à natureza objectivamente infungível do bem jurídico e das posições jurídicas em jogo. Neste tipo de acção não prevalece a ideia de resultado que acompanha a tese do interesse processual como autónomo pressuposto processual.

Em tese geral, seria ainda de medir a exigência do interesse processual com o *novo processo ao facto*, sobretudo quando o acto administrativo ganha uma coloração fortemente discricionária. Nestes casos, uma zona do facto constitutivo do interesse em agir está ainda por definir ou não é ainda conhecido. Ora, o juízo de prognose sobre a actualidade do interesse em agir só pode incidir sobre uma parte do facto (constitutivo, modificativo ou extintivo), pondo em causa a relação de continuidade com o resto do facto, o que nos levaria a pensar que se confundiria tal juízo prejudicial (pertinente ao interesse processual) com a questão de mérito para que tende todo o processo [203].

Em extrema síntese, a estrutura do direito de acção (direito de obter tutela plena e efectiva das posições jurídicas subjectivas) altera-se quando vem inserido no catálogo dos direitos ou princípios fundamentais. Dito de outra maneira, enquanto direito reconhecido e garantido na Lei Fundamental, o seu exercício não pode ser limitado pelo

---

[201] Veja-se W. HENKE, *Das subjektive öffentliche Recht*, Tübingen, 1968, esp. pp. 6 a 8.

[202] F. HUFFEN, *Verwaltungsprozeßrecht*, 5.ª ed., München, 2003, p. 317 e ss.

[203] Se não estamos equivocados, o problema do interesse processual não é uma questão de jurisdição mas de mérito.

interesse processual. Este vem agora absorvido pelo direito (processual) à acção, permanecendo, é certo, um pequeno espaço para a consideração de outra coisa – a correspondência da causa do direito de acção (a tutela das posições jurídicas substantivas) à situação concreta do seu exercício [204]. O direito de acção é irrenunciável. O que é limitável ou susceptível de compressão é o seu exercício.

Resta ainda o problema da distinção entre direito substantivo (posição jurídica subjectiva) e direito processual (direito de obter tutela plena e efectiva por intermédio da acção).

Se é verdade que a distinção entre os dois elementos consentiu a glória do interesse processual, já a disposição constitucional (artigo 20.º), ainda que confirme a célebre distinção, parece não consentir a autónoma relevância do interesse processual ao ser absorvido na funcionalização da acção à protecção dos direitos e interesses legalmente protegidos.

O interesse processual só é indispensável como elemento de acesso e ligação à tutela processual à luz de uma concepção abstracta de acção [205]. Vista esta e a sua natureza na sua puridade (desligada da posição jurídica), não resta outro remédio senão recorrer à impureza do interesse processual. Ao invés, se partirmos de uma concepção constitucional da acção administrativa, reparamos

---

[204] O limite último para o direito de acção será a inexistência de qualquer efeito útil para a tutela da posição jurídica do autor.

[205] Segundo PROTO PISANI, "Dell'esercizio dell'azione", in *Commentario del codice di procedura civile*, I, Torino, 1971, p. 1051, o direito de acção é o poder de agir em juízo de quem se afirma titular de uma posição jurídica subjectiva substantiva favorável.

Em palavras nossas, o direito de acção é, ao fim e ao cabo, o direito a obter tutela plena e efectiva dos (próprios) direitos e interesses legalmente protegidos.

que o artigo 20.º da CRP revela que é da sua própria natureza servir a tutela plena das posições jurídicas substantivas [206].

Em resumo, a referida disposição constitucional reconduz, com clareza, a acção à sua função de protecção dos direitos e interesses legalmente protegidos, absorvendo todo o espaço de valoração do interesse processual. Direito substantivo e direito processual permanecem distintos, sendo que este é instrumental à protecção do primeiro, incorporando-se, desta forma, na acção o espaço dedicado à valoração do interesse processual quando aquela venha divorciada, por falta de utilidade da acção, do seu escopo real e concreto.

Creio que esta leitura do direito de acção e do interesse processual se afigura mais fiel ao modelo constitucional e ao modelo legal do novo contencioso administrativo, onde parece pontificar a ideia de que o processo administrativo se depurou das suas finalidades tradicionais de garantia da legalidade.

É certo, poder-se-á argumentar que o modelo originário não vai tão longe, nomeadamente os §§ 42/2 e 43/2 da *Verwaltungsgerichtsordnung* [207]. Em síntese, parece sobreviver no ordenamento processual alemão o interesse processual na necessidade de tutela judicial (*Schutzbedürfnis*) [208].

---

[206] Recentemente, GOMES CANOTILHO/VITAL MOREIRA, *Constituição da República Portuguesa Anotada*, 4.ª ed. revista, Coimbra, 2007, p. 408 e ss, parecem manter o entendimento tradicionalmente dominante da norma constitucional. Salvo melhor apreciação, a doutrina, neste ponto, manteve-se estática face às sucessivas revisões constitucionais, particularmente à de 1997.

[207] Cfr., por todos, F. HUFEN, *Verwaltungsprozeßrecht*, op. cit., pp. 345 e ss e 401 e ss.

[208] W. R. SCHENKE, *Verwaltungsprozeßrecht*, 8.ª ed., Heidelberg, 2002, p. 149.

Importa notar, contudo, que no processo administrativo, ao contrário do processo civil (onde se exige um *rechtliches Interesse*), é suficiente gozar de um *berechtigtes Interesse*. Nas acções de condenação e constitutivas, o escrutínio do interesse processual opera de forma bastante generosa, na base de dois distintos aspectos: a utilidade subjectiva para o proponente da acção (*berechtigtes Interesse*) e outro relativo à utilidade temporal do processo e da sentença de mérito. Note-se que a tutela e a reparação da lesão não deixa de ser um elemento constitutivo do direito de acção [209], ainda que o interesse possa ser apenas moral ou cívico, como acontecerá com a perspectivada *Populärklage* [210].

Ampliando o nosso olhar ao direito comparado, se, por um lado, não é difícil notar a subsistência do interesse processual, por outro, observa-se a tendência de o incorporar em figuras confinantes como a legitimidade processual ou o direito de acção.

Também no direito comunitário, que tanta atenção e influência tem despertado, está presente esta problemática, sendo que o interesse processual não parece assumir particular relevância na acção anulatória (artigo 230.º do TCE). Se o texto da norma não parece à primeira vista muito pregnante, a verdade é que a jurisprudência se tem mostrado bem mais exigente quanto a este "pressuposto processual" [211].

---

[209] F. HUFEN, *Verwaltungsprozeßrecht, op. cit.*, p. 342 e ss.
[210] W. R. SCHENKE, *Verwaltungsprozeßrecht, op. cit.*, p. 148. Do mesmo Autor, "Rechtsschutz gegen das Unterlassen von Rechtsnormen", in *Verwaltungsarchiv*, 1991, esp. p. 336 e ss.
[211] Cfr., recentemente, H. G. SCHERMERS/D. F. WAELBROECK, *Judicial Protection in the European Union*, 6.ª ed., London-New York, 2001, pp. 424 e 428.

Como tem salientado alguma doutrina, a compreensibilidade do interesse processual vai no sentido de que este deve ser *legitimate, present, vested and sufficiently clear* [212]. Convém notar, contudo, que a sua interpretação se pode apresentar generosa, sendo que o interesse processual pode ser relativo ou vir condicionado por um evento futuro.

Indo ao essencial, no direito comunitário o interesse processual não se confina à reparação ou tutela da lesão sofrida mas inclui a obtenção de uma alteração da situação do recorrente ainda que apenas potencial ou futura [213].

Embora pareça evidente a ideia do interesse processual como pressuposto de procedibilidade da acção, não deixa de decair quando o recorrente demonstre a utilidade da acção, mesmo que o resultado do processo não consinta a reparação ou remoção da lesão.

Somos, assim, de parecer que a elaboração da teoria da acção à luz da Constituição – como direito fundamental (irrenunciável) do cidadão – não pode deixar de trazer para o seu seio o interesse processual, ao estar funcionalizado à protecção efectiva e concreta das posições jurídicas substantivas. Em conclusão, o direito a obter tutela jurisdicional plena e eficaz não pode ser entendido apenas *in limine litis,* como parece resultar do ensinamento da mais prestigiada doutrina.

Se estas observações são pertinentes para a justiça administrativa em geral, mais pertinentes nos parecem ainda no contencioso ambiental, em obséquio à natureza (infungível e imaterial) do bem objecto de tutela e à indivi-

---

[212] CH. LASOK, *The European Court of Justice. Practice and Procedure,* London, 1994, p. 178 e ss.

[213] H. G. SCHERMERS/D. F. WAELBROECK, *Judicial Protection in the European Union, op. cit.,* p. 435.

dualidade das respectivas posições jurídicas subjectivas dos cidadãos e consequente tutela jurisdicional.

7.4. O princípio da precaução e a nova justiça administrativa

Na sociedade de risco tecnológico [214] e de normatividade da incerteza, como é a actual, o juiz administrativo tem ao seu dispor (em matéria ambiental) novos critérios jurídicos prudenciais – o princípio da avaliação de impacto ambiental, o princípio da precaução e o princípio de conservação ou valor de existência [215].

A prudência como virtude (*S. Tomás de Aquino*) e como critério jurídico [216] espelha-se, com intensidades diferentes, nos princípios enunciados. Se no procedimento de

---

[214] Segundo U. BECK, "From Industrial Society to the Risk Society: Questions of Survival, Social Structure and Ecological Enlightenment", in *Theory, Culture and Society,* vol. 9, 1992, p. 98, a modernidade avançada (actual) diferencia-se da existente em sociedades precedentes, ao desaparecer qualquer possibilidade de distanciamento. A globalização torna o risco universal e omnipresente, como é visível no fenómeno das chuvas ácidas. Ainda na esteira do referido Autor, os poderes públicos e a sociedade hodierna dispõem apenas de conhecimentos que lhes permitem "normalizar" o risco. A normalização ecológico-simbólica dos riscos, associada a standards técnicos, não seria o resultado de um juízo científico exacto, mas significaria antes a permissão de contaminar o ambiente até certos níveis político-economicamente aceitáveis. Do mesmo Autor, "Vivere nella società del rischio", in *Ecologia e politica,* Milano, 1992, p. 163 e ss.

[215] S. GUTWIRTH / E. NAIM-GESBERT, "Science et droit de l'environnement: réflexions pour le cadre conceptuel du pluralisme de vérités", in *R.I.E.J.,* 1995, p. 92, onde se contesta a infalibilidade da ciência, abrindo-se, assim, um espaço propício ao debate jurídico-filosófico da relação homem-natureza.

[216] Cfr. CHANTAL CANS, "Le principe de précaution, nouvel élément du contrôle de légalité", in *R.F.D.A.,* n.º 4, 1999, p. 750.

avaliação de impacto ambiental a ciência goza de um estatuto optimista, em obséquio a uma lógica preventiva do ambiente, já nos conceitos de precaução e de valor de existência impera a ideia de incerteza (científica) e o grau de prudência adquire tonalidades mais acentuadas [217].

Podemos dizer que o princípio da precaução viu a luz do dia na Alemanha, nos conturbados anos trinta, sob a forma de *Vorsorgeprinzip* [218], sendo hoje reconhecido em

---

[217] M. TALLACCHINI, *Diritto per la natura (Ecologia e filosofia del diritto)*, Torino, 1996, pp. 305 e 306.

[218] Numa perspectiva ampla, incluindo o sentido de prevenção, cfr. E. REHBINDER, "Prinzipien des Umweltrechts in der Rechtsprechung des Bundesverwaltungsgerichts: das Vorsorgeprinzip als Beispiel", in *Bürger, Richter, Staat*, München, 1991, p. 296. No mesmo sentido, LUDWIG KRÄMER, *Derecho Ambiental y Tratado de la Comunidad Europea*, tr. esp., Madrid, 1999, p. 43. Para uma visão mais redutora do referido princípio da precaução, cfr. M.-A. HERMITTE / / CH. NOIVILLE, "La dissémination volontaire d'organismes génétiquement modifiés dans l'environnement. Une première application du principe de prudence", in *Rev. Jur. Env.*, n.º 3, 1993, p. 393 e ss. Entre nós, cfr. J. CUNHAL SENDIM, *Responsabilidade Civil por Danos Ecológicos (Da Reparação do Dano Através da Restauração Natural)*, Coimbra, 1998, p. 231 e ss.

Na Alemanha, o surgimento do *Vorsorgeprinzip* marcou uma época de reestruturação industrial, servindo de fundamento ao estabelecimento de ambiciosos objectivos ambientais. Cfr. BOEHMER--CHRISTIANSEN, "The Precautionary Principle in Germany Enabling Government", in T. O'RIORDAN / J. CAMERON, *Interpreting the Precautionary Principle*, London, 1994, p. 32.

Outro foi o caminho seguido pela doutrina no Reino Unido, que, apoiando-se na tese da inexistência de uma prova científica, abriu as portas a empreendimentos ambientalmente perigosos, afastando a acção inibitória e preventiva dos princípios da cautela e da prudência. Cfr. A. WEALE, *The New Politics of Pollution*, Glasgow, 1992, p. 66 e ss.

Sobre os referidos princípios, cfr. os Acórdãos do TAF de Lisboa, de 22 de Abril de 2004, P. 11/04-A; o Acórdão do TCS, de 14 de Setembro de 2004, P. 251/04, e ainda o Acórdão do STA, de 24 de Novembro de 2004, P. 1011/04.

vários textos internacionais [219] e também no Tratado da CE (artigo 174.º/2, sem esquecer que o momento comunitário originante radica no Tratado de Maastricht – artigo 130-R/2).

Impõe-se, desde já, uma precisão. Ainda que este princípio tenha alguma ligação, óbvia aliás, com o princípio da prevenção [220], não há dúvida que o seu conteúdo jurídico é distinto [221], sem que tal signifique, como iremos ver, que os seus contornos conceptuais se apresentem decantados e firmes. Se o conceito de prevenção é a matriz do instituto de avaliação de impacto ambiental [222] e se materializa sobretudo em medidas procedimentais destinadas a prevenir eventos supervenientes mas prováveis, já o conceito de precaução implica ir um pouco mais longe, uma vez que as medidas de protecção se defrontam com o risco ou mesmo o perigo e a incerteza [223]. Certo é que

---

Mais recentemente, importa fazer referência à decisão cautelar do TAF de Almada, de 03/11/2006, e à decisão cautelar do TAF de Coimbra (em matéria de co-incineração), confirmada em segunda instância pelo TCN (Acórdão de 29/03/2007, Processo n.º 758/06.3BECBR).

[219] CHANTAL CANS, "Le principe de précaution...", op. cit., pp. 750 e 751; J. JEGOUZO, "Les principes généraux du droit de l'environnement", in R.F.D.A., n.º 2, 1996, p. 209 e ss. Sobre as várias definições oferecidas pelos textos internacionais, cfr. OLIVIER GODARD, "L'ambivalence de la précaution et la transformation des rapports entre science et décision", in Le Principe de Précaution (Dans la conduite des affaires humaines), Paris, 1997, p. 43.

[220] Sobre este princípio, cfr. GOMES CANOTILHO (coord.), Introdução ao Direito do Ambiente, Lisboa, 1998, p. 44 e ss.

[221] Em sentido diferente, LUDWIG KRÄMER, Derecho Ambiental..., op. cit., p. 93.

[222] COLAÇO ANTUNES, O Procedimento Administrativo de Avaliação de Impacto Ambiental..., op. cit., p. 604 e ss.

[223] Cfr. D. BODANSKY, "The Precautionary Principle in U. S. Environmental Law", in T. O'RIORDAN / J. CAMERON (eds), in Interpreting the Precautionary Principle, op. cit., p. 209, que adverte para a

ambos os princípios exigem cautelas procedimentais e processuais especiais na tutela do ambiente, sem prejuízo do juízo de prognose ser maior no último caso e daí exigir maiores cuidados e cautelas [224].

A importância do princípio da precaução, enquanto medida cautelar, assenta precisamente na ideia de prevenção de riscos ambientais especialmente graves para o ambiente, constituindo desta forma a concreção mais exigente do princípio prudencial na complexa relação que envolve o direito e a ciência, contribuindo, deste modo, para um enriquecimento da própria ideia de prevenção.

Apesar de alguma vaguidade conceptual, o princípio da precaução, tal como transparece em vários textos legais nacionais e internacionais [225], é marcado pela ideia de *incerteza científica*, sem que tal deva ampliar desnecessariamente o esforço de prognose do juiz e da Administração [226].

---

não neutralidade do princípio da precaução no confronto com a incerteza técnico-científica. Em suma, os dois princípios movem-se em contextos epistemológicos distintos.

Sobre a distinção entre os conceitos de *probabilidade* e *possibilidade*, MIGUEL PERALES, *La Responsabilidad Civil por Daños al Medio Ambiente*, 2.ª ed., Madrid, 1997, p. 161 e ss.

[224] A. SIFAKIS, "Precaution, Prevention and the EIA Directive", in *Eur. Env. Law Rev.*, vol. 7, n.º 12, 1998, p. 350 e ss.

[225] Referimo-nos, nomeadamente, à Declaração ministerial da Segunda Conferência Internacional sobre a Protecção do Mar do Norte (1987); à Declaração ministerial da Terceira Conferência Internacional sobre a Protecção do Mar do Norte (1990); à Declaração do Rio sobre Ambiente e Desenvolvimento (1992); e ainda à Convenção de Paris para a Protecção do Ambiente Marinho do Nordeste Atlântico (1992).

[226] DINAH SHELTON, "Certitude et incertitude scientifiques", in *Rev. Jur. Env.*, n.º especial, 1998, p. 18; CHANTAL CANS, "Le principe de précaution...", *op. cit.*, p. 751.

As medidas cautelares exigidas em primeiro lugar à Administração e depois ao juiz, justificar-se-iam mesmo quando não há provas concludentes sobre a relação de causalidade entre determinada iniciativa humana e os seus efeitos negativos sobre o ambiente [227].

Seja qual for a auréola deste novo conceito jurídico, cujo estatuto (jurídico) não pode resumir-se a um mero *soft law*, três ideias parecem impor-se ao intérprete: 1) percepção clara de que não existe certeza técnico-científica relativamente aos efeitos ambientais de numerosos procedimentos humanos; 2) o reconhecimento sequencial de que, não havendo unanimidade científica, subsiste um risco sério de consequências imprevisíveis e eventualmente irreversíveis para o ambiente; 3) por último, a afirma-

---

[227] Como observam vários autores, verificou-se nas últimas décadas uma reconceptualização na relação entre economia e ambiente, sob a batuta da teoria da *modernização ecológica,* cujo sentido essencial é o de superar a clássica contraposição entre o desenvolvimento económico e a protecção do ambiente (Cfr. S. BAKER, "Environmental Policy of the European Community: a Critical Review", in *Paradigms,* vol. 7.1, 1993, p. 78 e ss; A. WEALE, "Ecological Modernization and the Integration of European Environmental Policy", in J. D. LIEFFERINK / P. D. LOWE / A. MOL, *European Integration and Environmental Policy,* London, 1993, p. 206 e ss; por último, cfr. IZCARA PALACIOS, "La contaminación agraria y el principio de cautela: hacia una regulación de los riesgos medioambientales originados por la intensificación agraria en la Unión Europea", in *Rev. Est. Eur.,* n.º 21, 1999, p. 49 e ss).

Em síntese, a doutrina da *modernização ecológica* apresenta um claro paralelismo com o conceito de *desenvolvimento sustentável* (artigo 66.º/2 da CRP e artigos 2.º e 6.º do TCE), teoria que teve um dos seus momentos emblemáticos no *Relatório Brundtland*.

Sobre o debate em torno da introdução do princípio da precaução no Direito Europeu (Comunitário), A. WILLIAMS / J. VERSCHUUREN, "The Implications of the Precautionary Principle in European Environmental Policy and Law", in *Paradigms,* vol. 7.1, 1993, p. 30 e ss.

ção da primariedade do ambiente sobre outros bens jurídicos, cuja protecção (na ausência de evidências técnico-científicas) deve ser procurada em primeira-mão ao nível dos processos urgentes – principais e cautelares – porque só estes tutelam antecipadamente um bem jurídico por natureza irressarcível e infungível [228].

Deste cenário, resulta que, não sendo a ciência conclusiva para o direito, é este chamado a intervir com um *juízo normativo de cientificidade* [229] em favor de uma solução mais prudencial e amiga do ambiente. Na impossibilidade da ciência dar uma resposta segura, é ao Direito e os seus operadores que cabe ir ao encontro de um resultado jurídico ambientalmente aceitável [230].

Passaremos de seguida a analisar algumas das implicações jurídicas do princípio da precaução – tendo em conta sobretudo as suas refracções no âmbito procedimental e processual – sem que, numa breve suspensão reflexiva, deixemos de notar a centralidade epistemológica

---

[228] Em sentido próximo, M. TALLACCHINI, *Diritto per la natura..., op. cit.,* p. 311.

Nestes casos, o legislador deveria definir prevalências *prima facie,* cuja função seria a de prevenir que a ponderação entre os bens e valores em tensão se apresentem numa posição de igualdade abstracta, de forma a evitar que tudo fique entregue à retórica argumentativa e à ponderação. A consagração de uma primariedade *prima facie* permitirá ao órgão aplicador do direito considerar as circunstâncias do caso concreto, para, se for o caso, fazer prevalecer inclusive os princípios e os valores que não gozavam de supremacia inicial. Cfr. H. J. KOCH, "Die normtheoretische Basis der Abwägung", in *Abwägung im Recht: Symposium und Verabschiedung von Werner Hoppe,* Köln, Berlin, Bonn, München, 1996, p. 20.

[229] M. TALLACCHINI, *Diritto per la natura..., op. cit.,* p. 311.

[230] J. CHEVALLIER, "Vers un droit postmoderne? Les transformations de la régulation juridique", in *R.D.P.,* n.º 3, 1998, pp. 678 e 679.

da *ignorância* [231]. Com efeito, a "ignorância" como possibilidade de conhecimento e projectualidade jurídica pode assumir no direito do ambiente três formas distintas. Como perigo, como risco [232] e como incerteza [233]. O perigo adquire, aliás, toda uma relevância especial no direito penal.

Vejamos agora as refracções do princípio da precaução, como princípio autónomo e estruturante do direito do ambiente, na justiça administrativa materialmente entendida [234]. Começaremos pelos *processos (acções) principais*.

Julgamos maduro o tempo para que o juiz administrativo comece a introduzir no contencioso ambiental o princípio da precaução, sendo aquele chamado, desde logo, a verificar da exigibilidade, eficiência e proporcionalidade das medidas empreendidas pela Administração para prevenir efeitos ambientais especialmente danosos.

Esta evolução marca já a jurisprudência comunitária [235], tendo o Tribunal de Justiça das Comunidades

---

[231] M. TALLACCHINI, *Diritto per la natura...*, *op. cit.*, p. 264 e ss.

[232] A ideia de risco já transparecia na jurisprudência alemã do século passado (*Gefährdungshaftung*, 1876). Cfr. MIGUEL PERALES, *La Responsabilidad Civil...*, *op. cit.*, p. 207, nota 325.

[233] Sobre estes conceitos, cfr. COLAÇO ANTUNES, *O Procedimento Administrativo de Avaliação de Impacto Ambiental...*, *op. cit.*, p. 311, nota 14 do referido capítulo. Invade-nos aqui uma complexa questão, que passa por reconhecer (*Aristóteles*) ou não (*Kant*) uma dimensão ética à ignorância, como elemento constitutivo da decisão, especialmente quando evitável ou intolerável, com conexões, aliás, ao nível da responsabilidade civil.

[234] Cfr. CHANTAL CANS, "Le principe de précaution...", *op. cit.*, p. 755 e ss.

[235] *Vide*, entre outros, o Acórdão de 20 de Setembro de 1988, Comissão v. Dinamarca, Processo n.º 302/86, reportado ao célebre caso das garrafas dinamarquesas.

Europeias admitido recentemente, no processo das *vacas loucas* (em apreciação ao embargo decretado pela Comissão Europeia, de 24 de Maio de 1996, contra a carne de vaca britânica), que o princípio da precaução deve conformar e modelar as medidas de polícia administrativa. O Tribunal de primeira instância das Comunidades Europeias (em sentença de 18 de Julho de 1998) estimou igualmente que a incerteza quanto aos riscos provocados por autobronzeadores na saúde dos consumidores (cancro) seria suficiente para motivar a sua interdição [236]. Quanto a nós, será desejável, neste contexto, que o juiz nacional utilize mais assiduamente o mecanismo do recurso (reenvio) prejudicial (artigo 234.º do TCE) [237].

A erupção do princípio da precaução não deixará de se fazer sentir na acção administrativa especial, o que exigirá a inclusão da incerteza técnico-científica entre os interesses ou factos relevantes a tomar em consideração no controlo da (des)proporcionalidade do acto autorizativo, logo, uma adequada ponderação entre incerteza e prudência, sob pena de desvio de poder indiciador de violação de lei. Seguindo este caminho, o *Conseil d'État* tem interpretado o referido princípio como um elemento "sintomático" do vício de desvio (excesso) de poder ou de erro manifesto de apreciação [238]. Somos, assim, confrontados com

---

[236] CHANTAL CANS, "Le principe de précaution...", *op. cit.*, p. 760.

[237] Sobre a experiência francesa, cfr. R. CASSIA, "Le juge administratif français et la validité des actes communautaires", in *Rev. trim. dr. eur.*, n.º 3, 1999, p. 416 e ss.

[238] No processo que opôs o Ministro do Interior ao Senhor Rossi (CJEG, Juin, 1995, p. 232, com nota de O. SACHS), o *Conseil d'État* decide que "le fait que le test d'infiltration à la fluorescéine n'ait pas permis de confirmer de tels risques, ainsi que le fait que le rapport hydrogéologique... n'ait pas estimé que le périmètre de protection rapprochée était insuffisant, ne sont pas de nature à démontrer, à eux

uma nova manifestação do princípio da "proibição do excesso", o que envolverá uma ponderação de interesses e dados temporalmente adequada [239], que obrigará, designadamente, a ter em consideração que um grande número de substâncias perigosas ou radioactivas têm um período de vigência muito superior aos prazos relativamente curtos da impugnação do acto (artigo 58.º/2/4 do CPTA) [240].

Tendo presente as dificuldades postas pela incerteza científica e pelo risco (inclusive futuro), bem como a imprevisibilidade dos danos, só por si deveria conduzir à ideia de que a tempestividade do recurso se deveria ampliar nestes casos, pelo menos, ao prazo do caso decidido (artigo 58.º/2/a) da CPTA). Sem negligenciar que o prazo do recurso do particular é um prazo de caducidade especial [241], susceptível de ampliação e até de interrupção, a exigir nestes domínios a indicação de que, em prazos tão curtos, não é possível afirmar com certeza a exclusão de riscos relevantes para o ambiente [242]. Não nos parece que o argumento da instabilidade do acto adquira aqui uma grande relevância. Bem ao invés, tal instabilidade serve uma tutela adequada e efectiva do ambiente. Impor-se-ia,

---

seuls, l'absence de nécessité d'élargir le périmètre de protection en cause afin de garantir la qualité des eaux".

[239] Na doutrina pode ler-se J.-P. HENRY, "Une nouvelle fonction pour l'erreur manifeste d'appréciation: le contrôle du respect de l'obligation de diligence", in *A.J.D.A.*, 1979, p. 17.

[240] Recordamos, nesta matéria, S. SALMI, *Diritto dell'ambiente. Principi fondamentali di diritto ambientale*, Milano, 1994, p. 88.

[241] Cfr. VIEIRA DE ANDRADE, *A Justiça Administrativa*, op. cit., p. 311.

[242] Acresce ainda que, frequentemente, o recorrente só fica devidamente esclarecido sobre todos os factos ligados à ponderação do acto com o acesso ao "processo" administrativo (artigo 84.º do CPTA).

talvez, trazer à colação uma nova dimensão do erro desculpável ou a dificuldade de identificar o acto recorrido, bem como outras circunstâncias já atendidas pela doutrina e jurisprudência, nomeadamente a dúvida manifestada pela Administração quanto à juridicidade do próprio acto (artigo 58.º/4 do CPTA) [243].

A importância do princípio da precaução no contencioso objectivo de legalidade manifestar-se-ia especialmente útil nos casos de *acção popular* (face ao escopo deste meio processual e à natureza objectivamente infungível dos bens jurídicos em causa) e de *acção pública,* visto o princípio poder funcionar como uma nova faceta dos interesses públicos [244], nomeadamente de interesses públicos diferentes daqueles que o acto (a Administração) visa prosseguir, além do próprio interesse na defesa da legalidade, o que não pode deixar de ter consequências ao nível da tutela cautelar, mesmo antecipatória. Tudo com cuidado, por forma a evitar abusos na sua utilização e danos excessivos aos beneficiários do acto.

O autor tem interesse em demandar enquanto titular do direito de acção (e não o inverso), decaindo a exigência de um interesse real e actual, bastando a mera eventualidade do interesse na anulação (ou declaração de nulidade) do acto acompanhado da (im)previsibilidade do dano. Como vimos, a complexidade deste pressuposto processual (interesse em agir) [245], que nem sempre o é, poder-se-á

---

[243] Cfr. VIEIRA DE ANDRADE, *A Justiça Administrativa,* op. cit., p. 232.

[244] Cfr. GILLES MARTIN, "Précaution et évolution du Droit", in *Le Principe de Précaution...,* op. cit., pp. 339 e 340.

[245] Cfr. V. GUICCIARDI, *Studi di giustizia amministrativa,* Torino, 1967, p. 82 e ss, ainda que reafirmando a actualidade da lesão, "nel senso che la lesione deve essersi già verificata e deve risultare persistente fino alla conclusione del giudizio".

revelar incompatível com a tutela preventiva do ambiente. Aliás, o critério da lesividade, hoje tão aplaudido, pode conduzir à absorção do conceito de legitimidade pelo de interesse processual (que deve pertencer ao fundo da causa), o que mais uma vez se revelaria desadequado a uma protecção antecipatória e preventiva do ambiente, com consequências ao nível da plateia dos sujeitos que têm acesso à jurisdição administrativa, por implicar a titularidade de posições jurídicas subjectivas substantivas (direitos e interesses legalmente protegidos)[246].

Tudo somado, pelo menos em matéria de contencioso ambiental, apesar da sua hipermodernidade, o critério da lesividade do acto pode revelar-se arcaico, na medida em que pressuponha, pelo menos implicitamente, uma noção patrimonial civilístico-processual de bem jurídico e uma relação jurídico-administrativa subjectivamente qualificada, com as consequentes refracções inibitórias ao nível da legitimidade processual[247].

Por outro lado, pelo menos em sede de regime jurídico da acção popular administrativa (vertido na Lei n.º 83/95, de 31 de Agosto), deveria admitir-se, para os casos em que o dano ambiental é transparente (em homenagem ao princípio da reconstituição da situação hipotética actual), a

---

[246] COLAÇO ANTUNES, *A Tutela dos Interesses Difusos em Direito Administrativo...*, op. cit., pp. 172 e ss e 189 e ss. Cfr. o Acórdão do STA, de 16 de Julho de 1999, in *AD*, n.º 456, 1999, p. 1546 e ss.

[247] Cfr. o Acórdão do STA, de 15 de Dezembro de 1999, Recurso n.º 43 704, onde, na esteira de alguma doutrina, se reconduz (ainda que generosamente) o interesse difuso (em dessubstantivação axiológico-normativa da sua qualidade de direito fundamental, formal e materialmente constitucional) a um mero interesse procedimental--processual, isto é, a garantias jurídicas (subjectivas) de índole procedimental.

forma de um processo urgente principal[248], numa interpretação generosa das normas definidoras da intimação para a protecção de direitos, liberdades e garantias (artigo 109.º e segs. do CPTA)[249], bem como de medidas cautelares antecipatórias (artigo 112.º/2/f) do CPTA) ou mesmo a convolação do processo cautelar em processo principal (artigo 121.º do CPTA)[250]. Pelo menos para aquelas situações em que a rápida emissão de uma decisão sobre o fundo da causa se revela indispensável à tutela do direito ao ambiente e na medida em que o decretamento provisório da providência cautelar se mostre insuficiente (artigo 131.º do CPTA)[251]. Pensamos que só assim se garantirá uma *Gerichtsschutz* efectiva e rápida. A correlação entre o *ius* e o *iudicium* anula-se se a resposta não for idónea a garantir o *Rechtsverfolgung*[252].

---

[248] Tendo presente que as especificidades processuais constantes da Lei n.º 83/95, de 31 de Agosto, não são, manifestamente, suficientes.

[249] Concordamos, assim, com a prudência esclarecida de VIEIRA DE ANDRADE, *A Justiça Administrativa*, op. cit., p. 275 e nota 605. A jurisprudência tem sido neste ponto relevante mas incoerente, ora baseando-se numa interpretação gramatical do artigo 20.º/5 da Constituição, ora fazendo uma interpretação mais ampla dos direitos fundamentais tutelados pelo referido processo urgente.

[250] Em matéria ambiental, justifica-se mesmo uma tutela cautelar *ante causam*.

[251] Cfr. AROSO DE ALMEIDA, "Tutela jurisdicional em matéria ambiental", in *Estudos de Direito do Ambiente*, Porto, 2003, p. 91. Cfr. ainda ANABELA LEÃO, "A intimação para protecção de direitos, liberdades e garantias", in *Estudos de Direito Público*, Lisboa, 2005, p. 395 e ss.

[252] Creio que VIEIRA DE ANDRADE, "A protecção dos direitos fundamentais dos particulares na justiça administrativa reformada", in *RLJ*, n.º 3929, Dezembro de 2001, p. 226 e ss, não descarta esta possibilidade, se bem que dê um alcance materialmente limitado à analogia em matéria de direitos, liberdades e garantias.

Particularmente importante, apesar das interpretações delirantes de alguma jurisprudência[253], se nos afigura a possibilidade concedida ao juiz pelo artigo 18.º da Lei n.º 83/95, de 31 de Agosto, de poder, na acção popular, conferir efeito suspensivo ao processo principal para evitar um dano irreparável ou de difícil reparação ao ambiente[254]. Creio que esta interpretação colhe algum apoio no artigo 50.º/2 do CPTA, quando se diz que "sem prejuízo das demais situações previstas na lei, a impugnação de um acto administrativo suspende a eficácia desse acto...".

Já que estamos com "a mão no ambiente", cremos que nesta matéria, afastada a ideia de presunção de legalidade do acto, se justificaria a inversão do ónus da prova, podendo, em caso de incerteza, o juiz forjar a sua convicção na probabilidade dos factos e riscos invocados pelo(s) recorrente(s), sem prejuízo de prova em contrário[255]. Convocando o princípio da repartição do ónus da prova objectivo, mesmo que a Administração alegue a ausência de prova de um risco, sem se demonstrar que o risco não está excluído, o juiz deve aplicar o princípio da precaução e anular ou declarar nulo o acto[256].

---

[253] Cfr. CARLA AMADO GOMES, *Textos Dispersos...*, op. cit., pp. 107 e ss e 179 e ss. Salvo melhor opinião, esta interpretação não tem sentido à luz da nova justiça administrativa, tanto mais que o ambiente-paisagem é gerador de situações jurídicas próximas ou mesmo reais de direitos, liberdades e garantias fundamentais.

[254] Cfr., igualmente, o artigo 115.º do Decreto-Lei n.º 555/99, de 16 de Dezembro, recentemente alterado (em profundidade) pelo Decreto-Lei n.º 60/2007, de 4 de Setembro.

[255] Cfr. S. L. WALKER, *Environmental Protection versus Trade Liberalization: Finding the Balance,* Bruxelles, 1993, p. 135.

[256] CHANTAL CANS, "Le principe de précaution...", *op. cit.,* pp. 760 e 761.

Se o princípio da precaução não exige a plena demontração dos nexos de causalidade, então a presunção *iudicis* [257] de risco deve prevalecer sempre que a relação causal entre o acto e o dano não seja cientificamente verificável, sem olvidar as opiniões mais cautas e a melhor tecnologia disponível, retórica argumentativa extensível, por maioria de razão, aos meios cautelares.

Acresce que os danos ambientais podem assumir tal gravidade e especialidade, que obriguem o intérprete a conformar um novo tipo de dano moral (artigo 496.º/1 do CC), mais precisamente um *dano existencial* [258], cujas implicações, nem sempre conjugáveis, se podem reflectir ao nível da saúde, do bem-estar físico e psíquico, o que comportará tantas vezes uma perda de identidade ou de desrealização [259]. Em síntese, a valoração do *dano existencial* deverá implicar uma postura mais sensível e atenta do juiz administrativo quanto aos danos não patrimoniais.

Quanto à tutela *cautelar,* poderá igualmente revelar-se útil o apelo ao princípio da precaução, que é hoje uma componente essencial do princípio da tutela jurisdicional efectiva (o artigo 268.º/4 da CRP e os artigos 2.º e 112.º e segs. do CPTA) [260].

Não sendo evidente o *fumus* na eventual ponderabilidade entre interesses públicos e interesses privados, a tutela do ambiente implicará, em princípio, uma colisão

---

[257] Cfr., sobre este ponto, V. ITALIA, *Le presunzioni legali,* Milano, 1999, p. 73 e ss, onde se aponta a ideia de que as presunções legais devem obedecer a critérios constitucionais.

[258] COLAÇO ANTUNES, "O direito do ambiente como direito da complexidade", *op. cit.,* p. 42.

[259] COLAÇO ANTUNES, *O Procedimento Administrativo de Avaliação de Impacto Ambiental..., op. cit.,* p. 56.

[260] Neste sentido, W.-D. WALKER, *Der einstweilige Rechtsschutz im Zivilprozeß und im arbeitsgerichtlichen Verfahren,* Tübingen, 1993, p. 41 e ss.

entre o interesse da Administração na execução (e eficácia) do acto e o pedido de suspensão de eficácia requerido por particulares portadores de direitos fundamentais plurisubjectivos, sem que se possa ignorar que, no âmbito duma relação jurídico-administrativa poligonal, tal possa obrigar ao sacrifício do próprio interesse público primário que os titulares dos "interesses difusos" visam defender, subrogando-se à Administração [261]. Tratando-se de "actor popular", o "prejuízo de difícil reparação" refere-se ao bem ambiental e não ao direito subjectivo do recorrente, o que de resto cabe na alínea b) do n.º 1 do artigo 120.º do CPTA, quando admite expressamente que o prejuízo de difícil reparação possa abranger os *interesses* que o recorrente visa assegurar no processo principal (e não seja manifesta a falta de fundamentação formulada ou a formular nesse processo). Importará dizer que esta ponderabilidade concreta (artigo 120.º/2 do CPTA) não se pode confundir, por princípio, com um aparente igualitarismo ponderativo de interesses ontologicamente distintos e valorados, como se pretende fazer crer quando estão em confronto interesses públicos e privados [262], sendo que o juiz deverá conduzir o

---

[261] A. ANGIULI, *Interessi collettivi e tutela giurisdizionale (Le azioni comunali e surrogatorie),* Napoli, 1986, p. 277 e ss. Cfr. ainda COLAÇO ANTUNES, *A Tutela dos Interesses Difusos em Direito Administrativo...,* op. cit., p. 189 e ss.

[262] Todavia, como já salientámos antes, a ponderação não deve fazer esquecer as diferenças *(de)ontológicas* e *axiológicas* entre os princípios e os bens jurídicos em presença, havendo que respeitar a regra da *prevalência condicionada,* em reconhecimento à segurança e certeza jurídicas.

O princípio da ponderação amplia (também) os poderes do juiz administrativo e do juiz constitucional, especialmente em matéria de direitos fundamentais, mas isso não significa que a ponderação seja uma fórmula mágica *(Leisner)* que tudo salva (LEISNER, *Der Abwägungsstaat: Verhältnismäßigkeit als Gerechtigkeit,* Berlin, 1997,

controlo de juridicidade de modo a integrar a incerteza científica no controlo da proporcionalidade, confirmando e desenvolvendo as virtualidades do princípio da precaução.

Depois, em homenagem a uma tutela preventiva do ambiente e ao princípio da precaução, visto a acção anulatória de actos administrativos não ter (em regra) carácter suspensivo, começa a adivinhar-se a possibilidade de antecipar a decisão da causa principal, relativizando-se a concepção subjectivista do contencioso [263]. Agora, esta

---

p. 232, chama mesmo a atenção para os perigos de criar o *Estado de ponderação*).

Aliás, a ponderação em sentido estrito (como dimensão do princípio da proporcionalidade em sentido amplo), pode gozar de uma certa autonomia em relação aos requisitos da necessidade e da adequação, sendo certo que a relação mais forte é com o requisito da necessidade. Cfr. A. SANDULLI, *La proporzionalità dell'azione amministrativa*, Padova, 1998, p. 365 e ss. Uma medida necessária pode não chegar a ser ponderada (prova clínica que atenta contra a dignidade da pessoa humana ou põe em causa a sua saúde), enquanto uma medida ponderada pode não exigir a sua necessidade, sempre que exista outra menos gravosa, como a introdução de novas tecnologias numa empresa, sem ser necessário o seu encerramento para por termo à poluição produzida.

Em suma, o juiz deverá tentar distinguir entre valores e princípios, entre o *melhor* e o *devido,* sendo que o juridicamente possível deve ser atingido pela aplicação rigorosa das regras e dos princípios pertinentes ao caso, sem omitir as diferenças entre direitos, interesses e bens jurídicos. Cfr. COLAÇO ANTUNES, *O Procedimento Administrativo de Avaliação de Impacto Ambiental..., op. cit.,* p. 71 e ss.

Importa, por último, perceber e distinguir entre normas e princípios (e normas com ou sem princípios), sendo estes mandatos de optimização (*Optimierungsgebote*), enquanto a norma jurídica não goza de tanta elasticidade (R. ALEXY, *Theorie der Grundrechte*, 3.ª ed., Frankfurt a. M., 1996, pp. 71 e ss e 75 e ss).

[263] GOMES CANOTILHO, "Privatismo, associativismo...", *op. cit.,* n.º 3861, p. 356. No mesmo sentido, se entendemos bem, DUARTE DE ALMEIDA / CLÁUDIO MONTEIRO / MOREIRA DA SILVA, "A caminho da plenitude da justiça administrativa", in *CJA*, n.º 7, 1998, p. 6,

possibilidade está expressamente prevista, ainda que sujeita a pressupostos rigorosos (nem sempre fáceis de decantar, como o conceito de urgência), no artigo 121.º do CPTA. Com efeito, no direito do ambiente, a presença de relações jurídicas multipolares, justifica o recurso a processos cautelares que desempenhem, ainda que tendencialmente, uma função declarativa [264] (além da função preventiva ou antecipatória e conservatória), nomeadamente de clarificação dos dados, quando estamos postos perante momentos de incerteza técnico-científica. Pedir mais tempo de reflexão ao juiz e à Administração não tem nada de anormal quando estamos confrontados com um período de incerteza e de risco [265]. Daí a abertura do artigo 18.º da Lei n.º 83/95, de 31 de Agosto (a que já fizemos referência), ao facultar ao juiz a possibilidade de conferir efeito suspensivo a acções que, em regra, o não teriam, sendo que aí o que deve determinar a suspensão da eficácia do acto (efeito que pode ser confeccionado *ex officio* pelo julgador) é precisamente a grave lesão do interesse público-comunitário do ambiente.

Não poderemos, portanto, deixar de ver na aplicação jurisdicional do princípio da precaução um novo limite ao privilégio da execução prévia (hoje muito matizada) e à presunção da legalidade do acto [266]. Ao juiz não caberá só

---

apontando-se mesmo a necessidade de uma tutela cautelar prospectiva que englobe medidas positivas

[264] GOMES CANOTILHO, "Privatismo, associativismo...", *op. cit.*, n.º 3861, p. 356.

[265] CHANTAL CANS, "Le principe de précaution...", *op. cit.*, p. 358.

[266] Poder-se-ia dizer até que obter a suspensão dos efeitos do acto impugnado é como que atingir um provisório acolhimento do recurso, admitindo-se que o juiz possa fazer uma pesquisa minimamente rigorosa e aturada, ainda que prudentemente circunscrita aos limites essenciais do processo principal. Cfr. E. M. BARBIERI, "La

averiguar se a execução do acto poderá acarretar prejuízos de difícil reparação para o ambiente, mas considerar presumida a existência desse risco, salvo prova em contrário que caberá à Administração [267].

Na tarefa metódica de ponderação de interesses deve poder admitir-se aqui a necessidade de apelar à prognose de resultado relativa ao processo principal, estendendo agora o *fumus boni iuris* ao plano jurídico-material dos direitos e interesses dos recorrentes [268], admitindo-se mesmo que, de acordo com um juízo de probabilidade ou verosimilhança, o previsível resultado da causa principal é já uma medida de decisão ou um requisito de admissibilidade do pedido suspensivo, até por terem desaparecido os empecilhos postos pelo artigo 76.º/1/c) da LPTA – "do processo não resultam fortes indícios da ilegalidade da interposição do recurso" [269] [270].

---

tutela cautelare nel processo amministrativo: prospettive e limiti", in *Rass. Giur. Ener. Elett.*, 1996, p. 547.

[267] No caso das *vacas loucas,* já referenciado, o parecer do comité de especialistas afirma cristalinamente que: "Dans ce contexte d'incertitude, le principe de précaution implique que, dans les décisions à prendre en matière vétérinaire et de santé publique, l'agent de l'encéphalopathie spongiforme bovine *soit considéré comme transmissible à l'homme*" (sublinhado nosso), *Le Monde* du 8 Juin 1996.

[268] GOMES CANOTILHO, "Privatismo, associativismo...", *op. cit.*, n.º 3861, p. 358.

[269] Cfr. o importante Acórdão do STA, de 7 de Dezembro de 1995, Processo n.º 38 436-A, da 1.ª Subsecção, com comentário de M. ANGELINA TORRES, in *Rev. Min. Públ.*, n.º 64, 1995, p. 127 e ss. Pode ler-se também o interessante Acórdão do STA, de 17 de Setembro de 1996, Processo n.º 40 935, com anotação de J. E. FIGUEIREDO DIAS, "A suspensão da eficácia e a polissemia da noção de interesse público: um salto em frente na protecção cautelar do ambiente", in *CJA,* n.º 7, 1998, p. 8 e ss.

[270] P. CALAMANDREI, *Introduzione allo studio sistematico della tutela cautelare,* Padova, 1936, pp. 18 e 62 a 65, opinava que só depois do juiz valorar se há uma séria probabilidade do recorrente obter

Insinua-se, claramente, o dever do juiz considerar a aparente bondade da pretensão dos recorrentes, especialmente quando haja (num contexto de incerteza técnico-científica), um risco sério para o ambiente, sem esquecer as ilegalidades graves (por exemplo, o *fumus* é evidente quando o acto é nulo e nesse caso não haverá sequer dano para o interesse público) ou estejam em causa direitos fundamentais de primeiríssimo plano, aliás coincidentes, como será o caso (artigo 120.º/1/a) do CPTA).

Havendo risco grave para o ambiente e incerteza técnico-científica quanto aos efeitos resultantes da execução do acto, o juiz pode agora atender a questões de fundo [271], antecipando, ainda que com cautela, a decisão relativamente ao processo principal [272].

O artigo 112.º/2/f), sem esquecer a acção prevista no artigo 37.º/3 do CPTA, admite ainda a possibilidade de, a título cautelar, ser imposto ao particular demandado o dever de se abster ou de continuar a desenvolver a conduta ilegal e lesiva.

Como resulta das disposições genéricas dos n.os 1 e 2 do artigo 112.º do CPTA, poderão ser requeridos à juris-

---

sucesso no recurso principal, é que poderá considerar as condições factuais (ainda que subsista o direito), susceptíveis de provocar um receio fundado do recorrente sofrer um prejuízo de difícil reparação.

[271] Neste sentido, G. SORICELLI, "Brevi considerazioni in tema di ampliamento dei poteri del giudice amministrativo in sede cautelare", in *Riv. amm.*, n.os 5/6, 1997, p. 499 e ss, advogando mesmo a técnica do "remand" como possibilidade cautelar de um reexame do poder discricionário exercitado, (mais uma vez) numa relação de complementaridade entre procedimento e processo administrativo, bem como entre as várias fases do processo administrativo.

Em suma, o decretamento pelo juiz da suspensão judicial da eficácia do acto nem sempre é, ou deve ser, aquela mini-decisão de que habitualmente se fala e muito menos um *pis aller*.

[272] Cfr. M. ANDREIS, *Tutela sommaria e tutela cautelare nel processo amministrativo,* Milano, 1996, p. 236 e ss.

dição administrativa uma gama enorme de providências cautelares (plenitude da prestação) tanto antecipatórias como conservatórias.

Em extrema síntese, a universalidade das providências cautelares e os novos critérios para o seu decretamento (artigo 120.º do CPTA) abrem uma nova era para a justiça cautelar amiga do ambiente.

A temporalidade jurídica como elemento constitutivo do interesse público e ou dos direitos fundamentais não pode deixar de se reflectir adequadamente na tutela urgente do ambiente.

7.5. O juiz administrativo senhor do processo executivo: a execução substitutiva pela Administração na presença de discricionaridade

Como assinalava *Hauriou*, a história da execução das sentenças é a história de um enorme lamento e de uma anomalia processual.

A reforma de 2002/2004 introduziu profundas alterações em matéria de execução das sentenças de que porventura não se retiraram ainda (doutrinária e jurisprudencialmente) todas as consequências. Dá-se, assim, a completa judicialização do contencioso administrativo. O novo modelo exige, no entanto, ao juiz três qualidades fundamentais: prudência, sabedoria, tenacidade e, porventura, uma nova cultura do processo executivo. Esta mudança de mentalidade parece-me essencial para se poder retirar toda a vantagem do esquema desenhado pelo legislador, sempre susceptível de aperfeiçoamentos, embora não seja esse o nosso desiderato.

É nossa convicção, portanto, que não faltam soluções legais, o que talvez não exista na medida necessária é uma cultura jurisprudencial da execução das sentenças.

Um dos expoentes da nossa literatura administrativa, *Vieira de Andrade* [273], afirma a infungibilidade administrativa da execução subrogatória pelo juiz ou por terceiro sempre que estejamos perante o exercício de poderes discricionários, que constituiria, assim, um limite à actividade judicial, enquanto expressão do princípio da separação dos poderes.

Se relativamente à execução-substituição directa pelo juiz estamos, obviamente, de acordo (cfr. os artigos 167.º/6 e 179.º/1/5) do CPTA), só possível havendo acto vinculado, já não estamos tanto no que se refere à execução indirecta, entendida como execução substitutiva através da colaboração subrogatória de autoridades e agentes de outras entidades administrativas, que não a condenada (artigo 167.º/3, *in fine,* do CPTA) [274].

Primeiro, o problema da discricionariedade administrativa, que não é um mal, deve ser resolvido pontualmente (salvo autovinculação) com base em dados objectivos e não como um *problema de princípio,* o que, obviamente, dificultaria, desde logo, qualquer tentativa dogmática ou jurisprudencial.

À Administração, embora constitucionalmente vinculada à execução da sentença (artigo 205.º/2/3 da CRP), subsiste, frequentemente, alguma discricionariedade na execução, senão quanto ao *que* fazer, pelo menos ao *como* fazer,

---

[273] *A Justiça Administrativa, op.cit.,* pp. 418-419.
[274] Creio que a incompletude do artigo 174.º do CPTA não obsta ao nosso entendimento.

mesmo quando estamos confrontados com a inexecução ilegal da sentença [275].

Por outro lado, a Administração está sempre vinculada a uma *obrigação de resultado,* em consequência da sentença ditada e do seu efectivo cumprimento, uma vez que o resultado final da decisão está já predeterminado [276].

O poder de substituição indirecta ou subrogatória é um limite à discricionaridade da Administração, pelo que esta não pode ser um limite intransponível à execução da sentença administrativa.

Depois, no processo executivo (da sentença) há algumas diferenças essenciais relativamente ao processo declarativo, em relação ao problema da discricionaridade, sendo que a questão não é haver ou não controlo jurisdicional mas *até onde* pode ir o juiz administrativo [277].

Como já *não* estamos no âmbito administrativo ou mesmo no processo declarativo, na execução da sentença estamos apenas no âmbito judicial e a actividade administrativa nesta fase já *não* é exclusivamente uma actividade de natureza administrativa [278]. Nesta fase, importa mais a adequação dos actos a praticar (em execução da sentença)

---

[275] BELTRÁN DE FELIPE, *El Poder de Sustitución en la Ejecución de las Sentencias Condenatorias de la Administración,* Madrid, 1995, p.291.

[276] Cfr., antecipadamente, FREITAS DO AMARAL, *A Execução das Sentenças dos Tribunais Administrativos,* 2.ª ed., Coimbra, 1997, p. 35 e ss, destacando, contudo, as limitações de uma execução forçada no processo administrativo quando são as autoridades exequendas que detêm o poder de coagir.

[277] Neste sentido, já M. S. GIANNINI, "Contenuto e limiti del giudizio di ottemperanza", in *Atti del Convegno sull'adempimento del giudicato amministrativo,* Milano, 1962, p. 151 e ss.

[278] Assim mesmo, BELTRÁN DE FELIPE, *El Poder de Sustitución..., op. cit.,* p. 415.

em conformidade com o direito posto pela sentença do que a vontade do órgão administrativo [279].

A liberdade de decisão ou de apreciação da Administração é mais circunscrita e limitada, na medida em que já estamos perante uma sentença que estabeleceu (definitivamente) o direito do caso concreto. Ainda que a discricionaridade permaneça (e, por vezes, permanece), não opera do mesmo modo na fase declarativa e na fase executiva.

Note-se, não é o mesmo decidir que controlar o que foi decidido, sendo que, no âmbito da execução da sentença já se decidiu e já se controlou jurisdicionalmente o anteriormente decidido. Portanto, os parâmetros constitutivos e conformadores do controlo jurisdicional já estão definidos e a eles não pode escapar a Administração.

Uma vez constatada e declarada a inexecução da sentença, a discricionaridade não pode constituir um privilégio da Administração que impeça a função executiva indirecta. O problema não está tanto no controlo jurisdicional como no exercício de um dos poderes de execução que o ordenamento processual outorga ao juiz: o poder de substituir a Administração condenada no exercício do poder discricionário. Poderá, no entanto, haver um limite intransponível, que deverá ser excepcional e, portanto, de interpretação restritiva. Refiro-me, desde logo, à hipótese do ordenamento jurídico impor que só a Administração condenada, através do órgão ou agente com competência para o efeito, possa executar a sentença. Será também o caso dos actos praticados por órgãos com uma componente política forte, por exemplo, do Governo reunido colegial-

---

[279] Cfr. G. SCOCA, *Giustizia amministrativa*, Torino, 2003, p. 375.

mente em Conselho de Ministros. Aqui sim, poderá haver infungibilidade administrativa.

Feita a devida salvaguarda, ao juiz caberá verificar se a Administração executou ou não a sentença e, havendo inexecução, aplicar e fixar os meios de execução adequados para o efeito.

Como já estamos (apenas) em sede judicial e na fase executiva, não permanece aqui o sistema comum de distribuição de competências entre os órgãos administrativos [280]. Assim sendo, o juiz pode socorrer-se de outro órgão ou entidade administrativa (artigo 167.º/3 do CPTA) para levar a cabo a actividade material e jurídica necessária ao efectivo cumprimento da sentença.

A discricionaridade opera como limite da técnica de execução substitutiva directa pelo juiz, mas não como limite intransponível da execução da sentença.

Dir-se-á, no entanto, que subsiste uma reserva constitucional a favor da Administração. Assim seria de todo se não estivéssemos, como estamos, agora no âmbito jurisdicional e não no âmbito da Administração. Se estamos no âmbito da execução de sentenças é porque a Administração violou o imperativo constitucional de cumprir as decisões judiciais ditadas contra ela e, por isso, foi ela, e não o juiz, a violar o princípio da separação de poderes ao invadir o território deste. Não se trata, portanto, de uma questão administrativa mas de uma questão judicial e de justiça administrativa [281].

---

[280] Neste sentido, COLAÇO ANTUNES, *A Teoria do Acto e a Justiça Administrativa...*, op. cit., pp. 282 e 283.

[281] Concordamos com R. VILLATA, "Riflessioni in tema di giuidizio di ottemperanza ed attività successiva alla sentenza di annullamento", in *Dir. proc. amm.*, n.º 3, 1989, pp. 395 e 396, na medida em que tudo depende da concepção do processo executivo.

Poder-se-ia ainda argumentar, por exemplo, que o artigo 179.º/1 do CPTA é aplicável à execução da sentença, quando haja discricionaridade, mas não ao incumprimento da mesma. Mas ir tão longe significaria convolar a discricionaridade administrativa em privilégio injustificado e criar uma zona de imunidade administrativa que escaparia ao Direito.

Poder-se-ia, por último, recorrer ao argumento tradicional de que só a Administração possui os elementos e meios necessários à execução da sentença. Creio que este argumento, a ser pertinente, não tem o alcance que se lhe reconhece habitualmente, na medida em que terá uma serventia limitada à execução substitutiva feita directamente pelo juiz. Relativamente à substituição subrogatória indirecta por outra entidade administrativa, o argumento dilui-se imediatamente. Logo, esta técnica executiva não pode ser afastada pela discricionaridade administrativa, quando muito limitada, isso sim.

Aliás, como se reconhece e é sabido, o ordenamento jurídico não afasta a substituição da decisão discricionária por parte do juiz quando exista apenas uma solução justa e coerente para o caso.

Em síntese, não se trata, em boa verdade, de determinar se a discricionaridade permite ou impede a substituição da Administração condenada na execução da sentença, mas de determinar com que pressupostos e em que condições a lei e o Direito permitem ou impedem a substituição da Administração quando subsista discricionaridade no momento de executar a sentença.

Note-se que a CRP admite no artigo 202.º/3 que "no exercício das suas funções os tribunais têm direito à coadjuvação das outras autoridades".

A pergunta a fazer é a seguinte: como e quando o Direito permite a execução subrogatória de sentenças condenatórias que implicam o exercício de um poder discricionário por parte da Administração?

É certo que se poderia argumentar que o limite da discricionaridade está consagrado normativamente, como acontece no artigo 3.º/1 do CPTA. No entanto, este preceito refere-se à sentença, em obséquio à reserva da Administração e ao princípio da separação de poderes, e não à sua execução ou ainda à execução substitutiva ou subrogatória.

Em resumidas contas, não creio que a discricionaridade afaste a execução subrogatória e que esta constitua uma ingerência na esfera da Administração, até por ser esta a actuar, ainda que na veste de ente auxiliar do juiz de execução [282]. Não existe, portanto, uma excepção à separação de funções mas ao regime de distribuição de poderes ou competências administrativas, ao permitir ao juiz determinar o exercício de um poder discricionário a um agente distinto no âmbito da execução da sentença. O substituto deve, aliás, intervir com autonomia em relação à entidade inadimplente e no estrito respeito pelo estatuído na sentença, decaindo o princípio da hierarquia.

---

[282] Sobre a sua natureza e dos respectivos actos, a doutrina italiana divide-se. A. TRAVI, "L'esecuzione della sentenza", in *Tratatto di diritto amministrativo. Diritto amministrativo speciale* V (coord. S. CASSESE), 2.ª ed., Milano, 2003, p. 3548, pronuncia-se no sentido da administratividade do acto praticado pelo ente substitutivo, enquanto, por exemplo, V. CAIANIELLO, *Manuale di diritto processuale amministrativo*, Torino, 2003, p. 1010, aponta para a sua natureza jurisdicional, sustentando que a entidade substituída não goza do poder de os anular, recorrendo aos meios de autotutela. No mesmo sentido, M. NIGRO, "Il giudicato amministrativo ed il processo di ottemperanza", in *Il giudizio di ottemperanza,* Milano, 1983, p. 97, partindo da natureza de órgão auxiliar do juiz, defende que se trata de actos jurisdicionais em sentido amplo.

Somos, assim, de opinião que os casos em que o princípio da legalidade ou o interesse público requerem que não se excepcione o regime de competências, através da execução da sentença por outra entidade ou órgão em substituição da autoridade incumpridora, deverão ser muito contados.

Um deles poderá ser o da condenação a elaborar uma norma administrativa ou regulamento (artigo 77.º do CPTA), sobretudo quando os seus elementos essenciais não se encontrem predeterminados ou estejamos no âmbito da Administração autónoma local e dos regulamentos independentes e autónomos.

Outra coisa é entender, como se deve entender, que a solução por nós propugnada deve ser a última *ratio*, face à panóplia de meios coercivos ao dispor do juiz, nomeadamente as sanções pecuniárias compulsórias (artigo 169.º do CPTA) ou até medidas tão severas como o crime de desobediência (artigo 167.º/4 do CPTA e artigo 348.º do Código Penal).

Parece-me, em suma, que a última palavra a deve ter o Direito e, neste caso, isso sucede duplamente: pela voz do legislador e do juiz administrativo.

Resumindo, o sistema jurídico-constitucional (artigo 268.º/4 da CRP) dotou os tribunais administrativos de poderes legítimos para dar execução efectiva às sentenças administrativas.

A discricionaridade pode ser, e é, um limite à execução substitutiva directa pelo juiz (sentenças substitutivas), mas não impede, por princípio, a substituição indirecta por outra entidade administrativa ou agente (artigos 167.º/3 e 179.º/1 do CPTA).

As poucas excepções poderão ser aqueles casos em que o ordenamento jurídico não pretende que se produza uma excepção ao sistema de repartição de competências, em obséquio a outros princípios constitucionais, como pode ser o da autonomia local (artigo 235.º e segs. da CRP) [283]. Pode até acontecer que o juiz administrativo determine que deva ser uma certa entidade administrativa a dar execução à sentença incumprida.

Somos, portanto, de opinião que a normalização da justiça administrativa exige que se acabe com o obstáculo da discricionaridade administrativa quando esta não constitua o fundamento e o limite da prossecução do interesse público, mas antes um privilégio em que se escuda a Administração para justificar o incumprimento ilegítimo da execução da sentença. Por isso, não vemos que a execução subrogatória, adequada, obviamente, ao conteúdo da sentença condenatória, provoque a violação do princípio constitucional da separação de poderes [284].

Creio que se pode dizer que a Constituição e a Lei permitem uma dupla possibilidade substitutiva: *directamente* pelo juiz, quando o acto é vinculado (artigos 167.º/6 e 179.º/5 do CPTA), e *indirectamente* por outra entidade (administrativa) quando se esteja em presença da discricionaridade administrativa (artigos 167.º/1/2/3, 174.º e 179.º/1 do CPTA).

Definitivamente, a discricionaridade administrativa não só existe como é necessária ao interesse público e ao Estado de Direito, sendo que este exige que, quando a Administração faz uso ilegítimo daquele instrumento, o

---

[283] Ao invés de VIEIRA DE ANDRADE, na sua magnífica arguição, não creio que as situações de hierarquia ou superintendência pressuponham necessariamente que os órgãos convocados tenham poderes de substituição (por não ter sido esse o entendimento do legislador). Outra coisa é a sua (des)necessidade, postas as medidas sancionatórias compulsórias e outras sanções já referidas.

[284] Assim, BELTRÁN DE FELIPE, *El Poder de Sustitución...*, op. cit., p. 425.

juiz directa ou indirectamente leve a cabo a tarefa de dar pleno cumprimento à sentença.

Por último, uma advertência. O juiz não deve cair na tentação de um certo activismo judicial ou ainda menos na discricionaridade judicial. O que se pede é sabedoria, prudência e tenacidade, o que não é pouco, convenhamos.

De resto, à Administração será sempre legítimo, em defesa inalienável e imprescritível do interesse público (artigo 266.º/1 da CRP e artigo 29.º do CPA), reagir contenciosamente contra os actos (eventualmente ilegais) ditados em execução da sentença (por outra entidade).

Creio que a nova justiça administrativa exige, como nunca antes, uma qualidade jurisprudencial que nem sempre estará ao alcance dos juízes da 1.ª instância (TAFs), que têm, todavia, a seu favor o facto da maioria deles serem pós-constitucionais e, nesse sentido, sem o subconsciente dos mais velhos.

Um aspecto a melhorar talvez seja o mecanismo da unificação e articulação processual dos problemas ou incidentes da execução, incluindo todas as questões que se suscitem, nomeadamente declarando nulos os actos desconformes com a sentença e anulando aqueles que mantenham, sem fundamento válido, a situação ilegal. De resto, a negação da Administração em executar a sentença constitui ela própria uma das formas de renúncia à titularidade e exercício da competência, punida com a nulidade (artigo 29.º do CPA).

A Administração pública, na fase de execução ou cumprimento das sentenças, está sujeita à actividade coactiva do juiz administrativo. O poder sujeito ao poder, o grande paradoxo do Estado de Direito. Em bom rigor terminológico, deveria substituir-se a expressão *execução* por *cumprimento* da sentença, o que além do mais teria o mérito de aliviar os aspectos melodramáticos do processo executivo.

A perspectiva subjectiva do direito fundamental à execução efectiva e plena das sentenças não pode obscurecer outra dimensão relevante – a de contribuir para o correcto funcionamento da Administração e da sua plena sujeição ao Direito.

Pode aqui colocar-se ainda a seguinte questão: quem responde pelos danos que o terceiro-substituto administrativo possa causar com a sua actuação? Responde solidariamente o Estado e demais entidades públicas (artigo 22.º da CRP), salvo se incorreu responsabilidade pessoal do titular do órgão, funcionário ou agente, nos termos em que a lei a contempla [285].

Em extrema síntese, toda a execução de sentenças coloca a necessidade de garantir um equilíbrio respeitoso e sábio da relação institucional entre a Administração e o poder judicial, de forma a garantir a plena satisfação da pretensão do particular sem comprometer a reserva da Administração na valoração de certas tarefas.

A administração substituta, sem deixar de ser Administração, e, por isso, mantém os respectivos poderes de apreciação e valoração, é simultaneamente um órgão auxiliar, ainda que especial, do juiz [286], em relação ao pleno cumprimento da sentença, actuando, por isso, sob o controlo estrito e atento daquele.

Neste sentido, como já se fez referência, talvez fosse de esclarecer melhor esta relação, bem como a sua natureza jurídica.

---

[285] Cfr., actualmente a Lei n.º 67/2007, de 31 de Dezembro, especialmente o artigo 8.º e ss.

[286] V. CAIANIELLO, "Esecuzione delle sentenze nei confronti della pubblica amministrazione", in *Enc. dir.*, vol. III, Milano, 1999, p. 622.

No fundo, um tribunal que não possa executar ou fazer executar as suas sentenças não é um verdadeiro tribunal. Em suma, nem um juiz tutor do cidadão, nem um juiz servo das prerrogativas da Administração.

7.6. Reflexões finais

Não vemos o direito do ambiente como um fim indolor da memória, como também afastamos uma concepção hegeliana da nossa disciplina e do procedimento administrativo. Daí a centralidade da noção jurídica de paisagem e a sua individualidade relativamente aos conceitos de ambiente, ordenamento do território e urbanismo, apesar das conexões inevitáveis.

A paisagem como forma sensível da cultura e do Estado Constitucional de Cultura. É o juízo cultural que permite destacar a noção de paisagem do ambiente e da "coisa territorial"; que transforma uma entidade material em paisagem e a torna digna de tutela jurídica.

Só através de um processo de "apropriação cultural" se constitui o pressuposto do complexo procedimento através do qual uma parte do território assume relevância estética e artística e, nessa medida, pode ser idónea e integrar e satisfazer o interesse público cultural do país.

Como também não advogamos uma noção contemplativa de paisagem, cuja tutela se concentraria no controlo das intervenções sobre o território ou a "paisagem natural".

A recusa de um conceito jurídico de paisagem como sinónimo de beleza natural, que pressuponha uma relação de estranheidade da actividade humana, não assenta na natureza dos bens que podem assumir tal qualificação. O problema, em bom rigor, é outro: qualificar a natureza jurídica da intervenção humana. Esta não se assume tanto como actividade de transformação do território, mas antes como um "agente natural", ou seja, como parte viva e integrante do ambiente natural.

Mais exactamente, recorrendo à teoria geral, está em causa saber se a actividade humana deve considerar-se um facto jurídico ou um acto jurídico. Esta classificação é capital para explicar, de um ponto de vista jurídico, se tal actividade é (ou não) indiferente mas não inexistente, como todos os factos jurídicos, que, podendo ser referidos ao sujeito, são tomados em consideração pelo ordenamento jurídico na sua objectividade.

Em extrema síntese, o nexo de derivação genética entre actividade humana e transformação do território não pode ser suficiente, se e na medida em que esta transformação representa apenas um dos pressupostos (de facto) a inserir no contexto de uma valoração bem mais ampla – onde se incluem elementos de vária natureza (estética, natural, histórica e económica).

Do ponto de vista jurídico, apenas a relevância cultural da percepção humana transforma o bem territorial ou ambiental em bem paisagístico. A paisagem não é um *quid minus* do território ou do ambiente, e, por isso, tem uma natureza jurídica distinta de ambos.

É esta distinta natureza que enforma a nossa visão da disciplina, com refracções relevantes ao nível das posições jurídicas e da tutela processual. Daí também a importância da tempestividade do procedimento e do processo administrativo, temporalidade que não pode desligar-se do cidadão (e do seu tempo) e da conformação cultural da paisagem.

Como dissemos no início, não procurámos sugerir uma perspectiva original do direito do ambiente. Escrevemos apenas o que pensamos. Se o tivéssemos tentado não o teríamos conseguido. Se algo é de facto novo, não pode, por definição, produzir-se intencionalmente.

O nosso papel intelectual é este, sabendo que nunca como agora uma profunda convicção nos diz que não há nada de novo sob o céu. A retórica da inovação é apenas o sinal da morte da utopia pela voz dos seus autores.

O futuro também *é* história, porque o futuro verdadeiro *é* uma reinvenção do passado.

V

MÉTODOS DE ENSINO
Cláusula de progresso pedagógico-científico

V. Métodos de ensino – cláusula de progresso pedagógico-científico

Creio que neste domínio, como noutros, devemos ser modestos e prudentes [287], sobretudo quando se começa a respirar mais intensamente o ambiente de Bolonha e da sua célebre Declaração de 19 de Junho de 1999.

A criação de um espaço europeu de ensino superior põe o problema da criação de um espaço jurídico europeu e da sua homogeneidade.

As necessidades práticas de criação de um espaço europeu de formação jurídica e de um espaço europeu para o exercício das principais profissões jurídicas coloca a questão prejudicial antes enunciada.

Depois, importa compreender o sentido e alcance da Declaração de Bolonha. Se o seu espírito for essencialmente o do mercado, globalização e desinvestimento público, não poderemos estar mais em desacordo. Se, pelo contrário, o seu espírito apontar caminhos para a universalidade, a liberdade e uma maior igualdade substancial do cidadão europeu, então estaremos de acordo.

---

[287] Recorda-se, mais uma vez, que já nos debruçámos sobre esta questão aquando da elaboração do Relatório para Professor Associado, *Direito Urbanístico...*, *op. cit.*, p. 221 e ss. No essencial, mantemos o que aí dissemos.

Como a virtude, porventura o melhor entendimento de Bolonha seja aquele que privilegia a mediação e o meio, como ponto de equilíbrio de perspectivas antinómicas.

Vejamos então a questão metodológica do ensino da nossa disciplina, de que outros já disseram praticamente tudo. Esta é mais uma desvantagem de quem, como eu, chega sempre tarde e a duras penas aos momentos universitários definidores do estatuto profissional do professor. Nesta fase da carreira académica e da vida há algo de precocemente infantil e teatral nisto.

Tentando dizer algo de útil, creio que não há "o melhor método pedagógico" ou o método pedagógico. O método pedagógico utilizado pelo professor deve ser flexível e variável em função da qualidade do auditório. Se estamos perante um ano de boa colheita deveremos utilizar um "texto" mais abstracto, porque será mais estimulante. Se o ano já não for tão bom, poderemos ser mais concretos, explicativos e especificadores.

Para que nos compreendamos, o problema do ensino do Direito sofre de um clássico preconceito. Se antes, e eu sou desse tempo, a pedagogia era ignorada ou era entendida como coisa menor, agora exaspera-se a questão didáctica através de uma poluente atmosfera do aluno-utente ou do aluno-emocional. Em bom rigor, o aluno poderá agora propor, com toda a legitimidade, uma acção de responsabilidade por dano existencial.

O direito ao ensino superior não é propriamente um direito ao *stress* mas também não é um direito ao *Ferrari*, como parece subentender-se desta sociedade farmacogénica e materialista.

Creio que a solução está, mais uma vez, no meio: nem desvalorizar a dimensão pedagógica do ensino, nem exasperá-la para níveis teleológicos.

A maior dificuldade para quem tem como profissão ensinar Direito, é saber o que é o Direito num tempo de profunda metaestabilidade.

Ofereçamos alguns exemplos: é habitual ensinar-se que um dos princípios jurídicos fundamentais é a segurança jurídica ou a certeza do direito. Como se pode ensinar o princípio da certeza do direito quando ele é, em boa medida, invisível em muitos ordenamentos jurídicos, por força da fantasia torrencial do legislador.

Outro exemplo: nos manuais ou mesmo nas salas de audiência, das mais humildes às mais elevadas, lê-se que "a lei é igual para todos". Mas é mesmo assim? Qual o seu significado?

Não queremos, obviamente, questionar a validade dos referidos princípios. Não há dúvida que a lei deve ser aplicada a todos de modo uniforme e igualmente. Como também não há dúvida que o princípio vem interpretado no sentido de que a lei deve tratar de maneira igual situações iguais e de modo racionalmente diferente situações diversas ou diferentes.

Os princípios não sofrem contestação, como é natural, mas não podemos deixar de nos interrogar, humildemente, como se lhes dará a devida concreção num sistema jurídico composto de dezenas de milhar de leis. E agora ocorre-nos outra dificuldade, que se prende com o sentido e alcance a atribuir ao artigo 6.º do Código Civil. O problema do direito é como conhecer e compreender o direito num mundo de tantas leis e menos Direito.

Esta disposição legal convoca um outro problema, o da aplicação (numa era global) simultânea de vários ordenamentos jurídicos, com as inevitáveis diferenças e colisões.

Dir-me-ão que o *horror incerti* pode e deve ser superado por meios hermenêuticos, nos termos do Código Civil.

Curiosamente é aqui que se manifesta uma das principais fontes da incerteza do direito, sempre que entendamos, como entendemos, que a actividade interpretativa, no seu aplicar, é sempre uma actividade demiurga. Note-se, os critérios hermenêuticos postos pelo Código Civil são também eles normas jurídicas sujeitas a interpretação pelo operador do direito [288].

Mesmo que nos ordenamentos jurídicos nacionais o problema venha resolvido com recurso a um certo optimismo epistemológico, resta ainda um outro problema essencial. Que significado técnico-jurídico devemos dar ao sentido próprio das palavras quando o legislador ou o juiz são o legislador ou o juiz comunitário.

Todos nós já topámos com expressões comunitárias, aparentemente técnicas, de difícil traduzibilidade no nosso ordenamento jurídico. Como poderemos sanar as angústias hermenêuticas na ausência de uma língua (jurídica) comum? Mesmo que consigamos fazê-lo nos ramos de direito que conhecemos mais de perto, resulta ainda a questão do efeito útil do direito comunitário, quando este assume, como hoje acontece, uma dimensão transnacional e não apenas supranacional (primado e efeito directo). Manifesta-se na recepção do direito comunitário e da sua jurisprudência, um problema que poderíamos denominar *manifestação activa do problema linguístico* [289]. O problema agrava-se no direito do ambiente pela sua juventude, mais atreita a neologismos e à influência da técnica.

---

[288] BAPTISTA MACHADO, *Introdução ao Direito e ao Discurso Legitimador*, Coimbra, 1990, pp. 181 e ss e 205 e ss.
[289] O. LANDO, "The Worries of a Comparatist", in *D'Ici, D'Ailleurs: Harmonisation et Dynamique du Droit*, Paris, 1999, p. 139 e ss.

Neste caso, creio que o melhor método de ensino é o de incorporar o direito comunitário nos vários ramos de direito, em vez de continuar a ensinar o direito comunitário como matéria distinta e independente. O elemento estruturante da nova *gramática* do ensino do direito público bem pode ser o direito comunitário. Não é um problema de soma mas de integração jurídica.

O direito europeu ganha ainda mais relevância num contexto como o actual, fortemente marcado pela segmentarização dos Cursos e pelo sistema de dois ciclos [290].

Refrescando velhos *topoi* e recordando Schmitt, sustenta-se que é finito o *nomos* da terra com a nova *lex* informática. Regressamos à navegação e à descoberta de novos mundos, sabendo que de outro navegar se trata.

Relembre-se que o nosso direito não é um direito judiciário, onde não vem reconhecida aquela fonte de direito própria do direito anglo-saxónico que é constituída pela *common law* e o consequente princípio do precedente. Também não temos o que a doutrina anglo--saxónica chama de jurisprudência teleológica, uma das marcas, aliás, da jurisprudência comunitária.

Como se vê, é hoje muito difícil ensinar Direito sem cair nos lugares comuns. Por isso, não podemos omitir no nosso ensino que a torrencialidade legislativa (para não falar da regulamentar) e a quase absoluta indeterminação (técnica) da norma jurídica dá azo a uma prolífera actividade hermenêutica, que se traduz, frequentemente, numa inevitável disparidade na aplicação das normas jurídicas, com a consequente e conatural incerteza do direito.

---

[290] V. PEREIRA DA SILVA, *Ensinar Verde a Direito – Estudo de Metodologia do Ensino do Direito do Ambiente (em "Ambiente de Bolonha")*, Coimbra, 2006, pp. 15 e ss e 207 e ss.

É aqui que cabe ao Professor recuperar o controlo dogmático da situação, reabilitando junto do aluno a teoria geral com a sua construção ordenadora e sistemática. A sua abstracção não resulta vazia de conteúdo, exigindo antes indução e dedução, em suma, interacção da teoria geral com um determinado sector de ensino, como tentámos fazer ao longo destas páginas.

É nosso entendimento que a incerteza do direito representa hoje um dos motivos centrais e dominantes da actual crise do direito.

Como se ensina isto quando o Direito vem crescentemente entendido como uma forma de engenharia social e o aluno, como verdadeiro utente, reivindica (legitimamente) um produto certo, acabado e útil. Esta enorme dificuldade aumenta quando o cidadão farmacogénico tem horror à dúvida e à dor da incerteza.

A começar pela Constituição, têm-se posto algumas barreiras (não fixas) a este processo degenerativo, dando como exemplo o artigo 29.º.

É preciso fazer compreender ao aluno que, por vezes, tragicamente, o *summus jus* é também *summa iniura,* na medida em que a decisão judicial nem sempre é capaz de repristinar a certeza como específica eticidade do direito. Por outras palavras, a certeza processual do direito, fundada sobre o princípio que *res judicata pro veritate habetur,* pode ganhar concreção em soluções jurisprudenciais manifestamente injustas.

Como dizia *Carnelutti*, o caso julgado não é a verdade mas um sucedâneo da verdade, sobretudo quando aquele instituto prefere uma certeza formal, em prejuízo de uma certeza substancial.

Depois desta modesta e resumida reflexão sobre as dificuldades do ensino do Direito, cumpre-nos o dever de oferecer uma chama hermenêutica para os problemas postos. Note-se que hoje não estamos apenas confrontados com a lei em sentido formal, que deixou de ser o único parâmetro normativo de actuação da Administração pública. Hoje, o intérprete está confrontado com um bloco normativo global, que torna mais difícil ainda a sua tarefa exegética.

Mesmo assim há uma resposta, uma boa resposta, precisamente a oferecida por *Giuseppe Capograssi* [291], quando afirma a célebre tese de que interpretar e aplicar uma norma jurídica é aplicar todo o sistema jurídico. É esta a grande tarefa do jurista nos nossos dias, marcado pela metaestabilidade normativa e pela torrencialidade legislativa, tanto a nível nacional como supranacional.

É aqui que o professor deve chamar a atenção para a importância dos princípios gerais de direito e para conceitos nem sempre visíveis a olho nu, fornecendo aos alunos lentes ou raios ultravioletas que lhes permitam enfrentar as dificuldades.

Não basta explicar e expor noções e institutos, impõe-se ensinar a pensar juridicamente e a elaborar os referidos institutos.

Se o nosso ensino é capaz de fornecer ao aluno um quadro conceptual e dogmático capaz de resolver uma complexa questão de discricionaridade administrativa, mas não já uma dúvida banal posta pela empregada lá de casa, creio que falhámos.

Na medicina, diz-me um dos melhores especialistas de medicina interna, este paradoxo é muito frequente. Sabemos diagnosticar e tratar uma doença grave mas, curiosamente, as doenças quotidianas não têm tão bom remédio.

---

[291] G. CAPOGRASSI, *Opere,* vol. II, Milano, 1959, p. 487 e ss.

É nossa convicção, para não repetirmos o que já dissemos no Relatório para Professor Associado, que para ensinar é preciso continuar permanentemente a estudar, segundo a metáfora ambiental da cláusula de progresso pedagógico-científico.

A grande dificuldade que se põe a alguém, como nós, que foi fustigado por um longo e penoso percurso académico, é de permanecer sensível ao novo, desde que adequado.

Não temos, por isso, dificuldade em assumir alguma animosidade com a mitificação das novas tecnologias, sem dúvida um excelente meio de trabalho pedagógico e científico. É um belíssimo meio mas não um fim em si mesmo, como parece afirmar-se numa sociedade mais tecnológica do que científica. Mas cuidado, a técnica matou o pensar. É este, porventura, o maior desafio pedagógico do professor – pensar e ensinar a pensar (juridicamente).

Ensinar é um conjunto de artefactos que devem ser vividos em comum pelo professor e pelo aluno, à luz de uma *Weltanschauung* que não pode deixar de ser a de quem ensina – aprendendo com os alunos.

Procuramos, enfim, um ensino sustentável pedagógica e cientificamente.

Fundamentalmente, diríamos que o que a lei nos exige e nos impõe no capítulo dos métodos de ensino é, no fundo, um complexo problema epistemológico. Pode a relação do científico com o pedagógico ser entendida como de *transferência*, no sentido de que os saberes produzidos num lado são passíveis de aplicação, operando, eventualmente, por simplificação, no outro? Será que, em última instância, tal suporia uma espécie de redução do científico ao pedagógico ou vice-versa?

Confessamos não ter uma resposta acabada, ainda que nos inclinemos a pensar que a "transferência" do científico para o campo pedagógico pode envolver alguma simplificação a que a sabedoria do professor deve pôr limites razoáveis, sob pena do *horizonte de intervenção* dos discentes ser uma fonte de equívocos.

A nosso ver, a metodologia de ensino da disciplina (Direito do Ambiente) ganha em ser entendida como um objecto complexo, susceptível de restauro e reabilitação, desenvolvendo a competência comunicativa dos alunos.

Tratando-se, até aqui, de uma disciplina opcional do 5.º ano, somos de opinião que se deve metodologicamente explorar do "direito do caso"[292], numa versão mais incisiva das chamadas aulas teórico-práticas. Um método de ensino que, em suma, eleva a situação de facto à categoria principal de reflexão dogmática (concreta), convocando para o efeito a biblioteca do professor e do aluno (a que não é alheia uma visão teleológica do Direito).

No que se refere à bibliografia estrangeira a oferecer aos alunos, o problema não se põe tanto no conhecimento da língua mas noutro lugar, a exigir a atenção do professor.

O problema reside na inexistência de uma língua jurídica comum, mesmo ao nível dos países que integram a União Europeia. Esta realidade impõe que o professor defina (e ensine) uma teoria da tradução, nomeadamente quando se aborda o direito comparado dentro de um ramo de direito[293].

---

[292] CARNEIRO DA FRADA, *Direito Civil. Responsabilidade Civil (O método do caso)*, Coimbra, 2006, p. 133 e ss.

[293] Cfr., eloquentemente, R. STOLZE, *Übersetzungstheorien. Eine Einführung*, 3.ª ed., Tübingen, 2001.

Pensamos que o melhor método não será o filológico, mas antes uma tradução de tipo funcional. Creio que o primeiro, na ausência de uma língua jurídica comum, é gerador de equívocos na sua recepção. Já a tradução funcional ganha vantagem, na medida em que se busca uma coerência interna sem ser alheia à coerência externa, que situa o texto no seu contexto linguístico e cultural.

A tradução funcional, desenvolvida a partir da teoria de *Skopos,* apreende-se numa actividade teleológica, para cuja adequada realização o critério principal é a orientação em relação ao fim [294].

Dizia um velho Senhor Alemão, que nos ensinou a todos em Coimbra a ler a língua de *Goethe*, que para saber conduzir não é necessário saber mecânica.

Gostaríamos ainda de colocar uma última dúvida metódica.

Exigirá o estudo do direito comparado a criação de uma metalinguagem, que possa resolver os problemas apenas enunciados?

Um autor de prestígio, *Gutteridge* [295], propõe, desde 1949, a criação de um dicionário internacional de terminologia jurídica. Esta solução apresenta, porém, um inconveniente de peso: a petrificação de categorias jurídicas, em antinomia com a dinâmica que é própria ao ordenamento jurídico.

Em suma, a melhor atitude pedagógica é a humildade de quem ensina e, porventura, a de pôr perguntas, porque estas, em Direito, são, por vezes, tão importantes

---

[294] CH. NORD, *Einführung in das funktionale Übersetzen,* Tübingen, 1993, p. 9.

[295] H. GUTTERIDGE, *An Introduction to the Comparative Method of Legal Study and Research,* 2.ª ed., London, 1949, p. 25 e ss.

como as respostas. O professor deve ter a humildade cartesiana de ensinar que no Direito, como na física quântica, um mais um não são sempre dois, porque quando são dois o Direito pode actuar de forma diferente e o resultado não ser necessariamente o mesmo.

Do ponto de vista das metodologias de ensino a utilizar, haverá que procurar coerência entre as teorias e as práticas que se pretendem desenvolver (na disciplina) com aquelas que se entenda serem desejáveis no campo profissional.

Uma pedagogia activa, convocando sistemática e significativamente a "enciclopédia" dos alunos, sobretudo aquela que resulta da sua experiência académica anterior, parece-me ser uma orientação válida, aliás, reiteradamente testada e confirmada.

A tipologia das aulas – teóricas e práticas – deve ser interpretada neste sentido; ora como lugares em que a voz determinante é a do professor, em que a forma, a organização e o ritmo da comunicação são fundamentalmente dirigidos por aquele, ora como contextos em que as vozes dos alunos têm uma expressão significativa, não só por si mas também entre si.

Quanto às aulas práticas, estas podem ser caracterizadas como compreendendo dois grandes tipos: um de natureza mais "oficinal", digamos assim, em que assume centralidade a jurisprudência e os casos práticos; um outro, de características sobretudo especulativas, em que o alunos são confrontados com textos "exemplares" de sinal incoincidente, suscitando um forte contraditório a propósito do tema em análise. Há ainda as dúvidas, naturalmente.

As ideias sugeridas e praticadas devem resultar de uma convicção do docente profundamente reflectida, tendo em atenção as melhores técnicas e a experiência vivida, sem cedências ao pitoresco da moda. Ainda uma advertência: os meios telemáticos não devem impedir os alunos de *ver* com os neurónios.

Por último, a avaliação deve reflectir, com seriedade, a correspondência teórico-prática do que foi ensinado, evitando a nota de rodapé ou o caso insolúvel.

Creio, aliás, dever existir correspondência prática entre a qualidade do ensino e a qualidade da avaliação. Não podemos exigir o que não soubemos ensinar.

De resto, o Professor-Professor só deve ensinar o que se pode aprender.

Sempre se tarda em aprender e sempre se aprende tarde.

O mal da Universidade é que está cheia de professores que não são professores. Esta gente nunca perceberá, como dizia *Hegel*, que o Direito só é Direito quando passa por cabeças bem feitas. Sem rectidão e decência não há Direito.

Uma Faculdade de Direito é o que são os seus professores, não os seus planos de estudos, tantas vezes verdadeiramente falsos ou falsamente verdadeiros.

Uma Faculdade de Direito nova só se fará uma grande Escola se os seus Professores tiverem a humildade e a dignidade de aprender a ser exigentes consigo mesmos.

Uma Faculdade que não saiba criar e exigir as suas "ficções" não merece ser uma Faculdade, porque estará sempre à mercê de imaginários poluentes. Estas ficções devem ser tão reais quanto justas e selectivas.

A paisagem universitária está a degradar-se perigosamente, pelo que, ao contrário dos pós-modernos, é necessário pôr vínculos e limites – o mérito, o trabalho e um combate sem tréguas à endogamia.

Em conclusão, o que se pretendeu foi favorecer a arte de ensinar em homenagem ao *ius inveniendi* ou tópica da tradição aristotélica.

A verdade, por mais que venha relativizada, é uma das condições básicas da eticidade jurídica, e a falta dela, como inverdade ou como erro, está cheia de injustiças.

BIBLIOGRAFIA

BIBLIOGRAFIA

ABICH, MEYER, "Dreissig thesen zur praktischen Naturphilosophie", in *Ökologische probleme im Kulturellen Wandel,* Berlin, 1986

ALEXY, R., *Theorie der Grundrechte,* 3.ª ed., Frankfurt a. M., 1996

ALLEGRETTI, U., *Amministrazione pubblica e costituzione,* Padova, 1996

AMADO GOMES, C., "Intimação para a protecção de direitos, liberdades e garantias" (Anotação ao Acórdão do STA, de 18 de Novembro de 2004), in *CJA,* n.º 50, 2005

AMADO GOMES, C., *As Operações Materiais Administrativas e o Direito do Ambiente,* 2.ª ed., Lisboa, 2005

AMADO GOMES, C., *Textos Dispersos de Direito do Ambiente,* Lisboa, 2005

ANABELA LEÃO, "A intimação para protecção de direitos, liberdades e garantias", in *Estudos de Direito Público,* Lisboa, 2005

ANDREIS, M., *Tutela sommaria e tutela cautelare nel processo amministrativo,* Milano, 1996

ANGIULI, A., *Interessi collettivi e tutela giurisdizionale (Le azioni comunali e surrogatorie),* Napoli, 1986

AROSO DE ALMEIDA, "Tutela jurisdicional em matéria ambiental", in *Estudos de Direito do Ambiente,* Porto, 2003

AROSO DE ALMEIDA, *O Novo Regime do Processo nos Tribunais Administrativos,* 4.ª ed., Coimbra, 2005

AROSO DE ALMEIDA, "O Provedor de Justiça como garante da boa administração", in *O Provedor de Justiça – Estudos,* Lisboa, 2006

ASSINI, N./CORDINI, G., *I beni culturali e paesaggistici,* Padova, 2006

BADURA, P., "Das Verwaltungsverfahren", in *Allgemeines Verwaltungsrecht,* Berlin, New York, 1988

BADURA, P., "Das Verwaltungsverfahren", in *Allgemeines Verwaltungsrecht* (Coords. H. Erichsen e D. Ehlers), Berlin, 2002

BARBIERI, E. M., "La tutela cautelare nel processo amministrativo: prospettive e limiti", in *Rass. Giur. Ener. Elett.,* 1996

BAUDRILLARD, J., *La Pensée Radicale,* Paris, 2001

BAUER, H., *Geschichtliche Grundlagen der Lehre vom subjektiven öffentlichen Recht,* Berlin, 1986

BAUER, H., "Altes und Neues zur Schutznormtheorie", in *AöR,* 1988

BECK, U., "From Industrial Society to the Risk Society: Questions of Survival, Social Structure and Ecological Enlightenment", in *Theory, Culture and Society,* vol. 9, 1992

BECK, U., "Vivere nella società del rischio", in *Ecologia e politica,* Milano, 1992

BELTRÁN DE FELIPE, *El Poder de Sustitución en la Ejecución de las Sentencias Condenatorias de la Administración,* Madrid, 1995

BERMAN, H. J., *Law and Revolution. The Formation of the Western Legal Tradition,* London, 1983

BLUMANN, C., *La Renonciation en Droit Administratif,* Paris, 1974

BOEHMER-CHRISTIANSEN, "The Precautionary Principle in Germany Enabling Government", in T. O'RIORDAN / J. CAMERON, *Interpreting the Precautionary Principle,* London, 1994

CAIANIELLO, V., "Esecuzione delle sentenze nei confronti della pubblica amministrazione", in *Enc. dir.,* vol. III, Milano, 1999

CAIANIELLO, V., *Manuale di diritto processuale amministrativo,* Torino, 2003

CALAMANDREI, P., *Introduzione allo studio sistematico della tutela cautelare,* Padova, 1936

CANS, CHANTAL, "Le principe de précaution, nouvel élément du contrôle de légalité", in *R.F.D.A.,* n.º 4, 1999

CARPENTIERI, P., "La nozione giuridica di paesaggio", in *Riv. trim. dir. pubbl.,* n.º 2, 2004

CARTEI, F., *La disciplina del paesaggio (tra conservazione e fruizione programmata)*, Torino, 1995

CASALTA NABAIS, *Introdução ao Direito do Património Cultural*, Coimbra, 2004

CASSESE, S., "Lo spazio giuridico globale", in *Riv. trim. dir. pubbl.*, n.º 2, 2002

CASSESE, S., *Lo spazio giuridico globale*, Roma-Bari, 2003

CASSESE, S., *La Globalización Jurídica*, tr. esp., Madrid, 2006

CASSIA, R., "Le juge administratif français et la validité des actes communautaires", in *Rev. trim. dr. eur.*, n.º 3, 1999

CAUQUELIN, ANNE, *L'Invention du Paysage*, Paris, 2000

CHEVALLIER, J., "Vers un droit postmoderne? Les transformations de la régulation juridique", in *R.D.P.*, n.º 3, 1998

CHITI, M., *Diritto amministrativo europeo*, 2.ª ed., Milano, 2004

COLAÇO ANTUNES, *A Tutela dos Interesses Difusos em Direito Administrativo – Para uma Legitimação Procedimental*, Coimbra, 1989

COLAÇO ANTUNES, "O direito do ambiente como direito da complexidade", in *Rev. Jur. Urb. Amb.*, n.º 10, 1998

COLAÇO ANTUNES, *O Procedimento Administrativo de Avaliação de Impacto Ambiental – Para uma Tutela Preventiva do Ambiente*, Coimbra, 1998

COLAÇO ANTUNES, *Para um Direito Administrativo de Garantia do Cidadão e da Administração – Tradição e Reforma*, Coimbra, 2000

COLAÇO ANTUNES, "O equívoco da discriminação plurisubjectiva na tutela de um mítico personagem: de Jhering a Giannini", in *Cadernos de Justiça Administrativa*, n.º 30, 2001

COLAÇO ANTUNES, "Johann Sebastian Bach no Tribunal Europeu dos Direitos do Homem ou uma Jurisprudência *sempre nunca diferente – nunca sempre igual*", in *Rev. do Min. Públ.*, n.º 92, 2002

COLAÇO ANTUNES, *Direito Urbanístico – Um Outro Paradigma: A Planificação Modesto-Situacional*, Coimbra, 2002

COLAÇO ANTUNES, "A acção de condenação e o direito ao acto", in COLAÇO ANTUNES / SÁINZ MORENO (Coords.), *Colóquio Luso--Espanhol, O Acto no Contencioso Administrativo – Tradição e Reforma*, Coimbra, 2005

COLAÇO ANTUNES, "A ausência do *topos* no plano urbanístico: para uma planificação teleológica", in *A Cidade Para o Cidadão – o planeamento de pormenor em questão*, in http://projectos.ordem dosarquitectos.pt/cidadecidadao/ forum.htm

COLAÇO ANTUNES, *A Teoria do Acto e a Justiça Administrativa – O novo contrato natural*, Coimbra, 2006

COLSON, J. / LEMIEUX, P.-D. (Coord.), *Le Droit Supranational et les Techniques Contractuelles*, Québec, 1997

CORNU, M., *Le Droit Culturel des Biens (L'intérêt culturel juridiquement protégé)*, Bruxelles, 1996

CUNHAL SENDIM, J., *Responsabilidade Civil por Danos Ecológicos (Da Reparação do Dano Através da Restauração Natural)*, Coimbra, 1998

DALFINO, ENRICO, "Basi per il diritto soggettivo di partecipazione nel procedimento amministrativo", in *Le trasformazione del diritto amministrativo, (Scritti degli allievi per gli ottanta anni di Massimo Severo Giannini)*, Milano, 1995

DE LEONARDIS, F., *Il principio di precauzione nell'amministrazione di rischio*, Milano, 2005

DELMAS-MARTY, *Trois Défis Pour un Droit Mondial*, Paris, 1998

DUARTE DE ALMEIDA / CLÁUDIO MONTEIRO / MOREIRA DA SILVA, "A caminho da plenitude da justiça administrativa", in *CJA*, n.º 7, 1998

FAVOREAU, O., "Valeur d'option et flexibilité: de la rationalité substantielle à la rationalité procédurale", in P. COHENDED / P. LLERENA, *Flexibilité, Information et Décision*, Paris, 1989

FAVOREU, L. / RENOUX, T., *Le Contentieux Constitutionnel des Actes Administratifs*, Paris, 1992

FERRARESE, M., *Il diritto al presente. Globalizzazione e tempo delle instituzioni*, Bologna, 2002

FERRARI, E., "Acquiescenza", in *Dig. disc. pubbl.*, I, 1987

FERRARI, G., "Biotecnologie e diritto costituzionale", in R. FERRARA / / I. MARINO (Coords.), *Gli organismi geneticamente modificati. Sicurezza alimentare e tutela dell'ambiente*, Padova, 2003

FIGUEIREDO DIAS, J. E., "A suspensão da eficácia e a polissemia da noção de interesse público: um salto em frente na protecção cautelar do ambiente", in *CJA*, n.º 7, 1998

FILIPA CALVÃO, *Os Actos Precários e os Actos Provisórios no Direito Administrativo*, Porto, 1998

FREITAS DO AMARAL, "Ordenamento do território, urbanismo e ambiente: objecto, autonomia e distinções", in *Rev. Jur. Urb. Amb.*, n.º 1, 1994

FREITAS DO AMARAL, *A Execução das Sentenças dos Tribunais Administrativos*, 2.ª ed., Coimbra, 1997

GALGANO, F., *Crisi dello stato sociale e contenuto minimo della proprietà*, Napoli, 1983

GASPAR, PEDRO, *O Estado de Emergência Ambiental*, Coimbra, 2005

GIANNINI, M. S., "Acquiescenza", in *Enc. dir.*, I, 1958

GIANNINI, M. S., "Contenuto e limiti del giudizio di ottemperanza", in *Atti del Convegno sull'ademplimento del giudicato amministrativo*, Milano, 1962

GIANNINI, M. S., *Diritto amministrativo*, Milano, 1970

GIANNINI, M. S., "Ambiente: saggio sui diversi suoi aspetti giuridici", in *Riv. trim. dir. pubbl.*, 1973

GIANNINI, M. S., "I beni culturali", in *Riv. trim. dir. pubbl.*, 1976

GIANNINI, M. S., *Diritto amministrativo*, Milano, 1993

GODARD, OLIVIER, "L'ambivalence de la précaution et la transformation des rapports entre science et décision", in *Le Principe de Précaution (Dans la conduite des affaires humaines)*, Paris, 1997

GOMES CANOTILHO, "Procedimento administrativo e defesa do ambiente", in *RLJ*, n.º 3799, 1991

GOMES CANOTILHO, "Procedimento administrativo e defesa do ambiente", in *RLJ*, n.º 3802, 1991

GOMES CANOTILHO, "Actos autorizativos jurídico-públicos e responsabilidade por danos ambientais", in *BFDUC*, vol. LXIX, 1993

GOMES CANOTILHO, "Juridicização da ecologia ou ecologização do Direito", in *Rev. Jur. Urb. Amb.*, n.º 4, 1995

GOMES CANOTILHO, "Privatismo, associativismo e publicismo na justiça administrativa do ambiente", in *RLJ*, n.º 3861, 1996

GOMES CANOTILHO (Coord.), *Introdução ao Direito do Ambiente*, Lisboa, 1998

GOMES CANOTILHO, *Direito Constitucional e Teoria da Constituição*, Coimbra, 2002

GOMES CANOTILHO, *"Brancosos" e Interconstitucionalidade. Itinerários dos Discursos sobre a Historicidade Constitucional*, Coimbra, 2006

GOMES CANOTILHO / VITAL MOREIRA, *Constituição da República Portuguesa Anotada*, 3.ª ed. revista, Coimbra, 1993

GOMES CANOTILHO / VITAL MOREIRA, *Constituição da República Portuguesa Anotada*, 4.ª ed. revista, Coimbra, 2007

GRIMM, DIETER, "Multikulturalität und Grundrecht", in *Das Recht des Menschen in der Welt: Kolloquium aus Anlaß des 70. Geburtstages von Ernst-Wolfgang Böckenförde*, Berlin, 2002

GUICCIARDI, V., *Studi di giustizia amministrativa*, Torino, 1967

GUTWIRTH, S. / NAIM-GESBERT, E., "Science et droit de l'environnement: réflexions pour le cadre conceptuel du pluralisme de vérités", in *R.I.E.J.*, 1995

HÄBERLE, P., "Verfassungstheorie ohne Naturrecht", in *AöR*, n.º 99, 1974

HÄBERLE, P., *Kulturverfassungsrecht im Bundesstaat*, Wien, 1980

HENKE, W., *Das subjektive öffentliche Recht*, Tübingen, 1968

HENRY, J.-P., "Une nouvelle fonction pour l'erreur manifeste d'appréciation: le contrôle du respect de l'obligation de diligence", in *A.J.D.A.*, 1979

HERMITTE, M.-A. / NOIVILLE, CH., "La dissémination volontaire d'organismes génétiquement modifiés dans l'environnement. Une première application du principe de prudence", in *Rev. Jur. Env.*, n.º 3, 1993

HESSE, KONRAD, "Die Welt des Verfassungsstaates. Einleitende Bemerkungen zum Kolloquium", in *Die Welt des Verfassungsstaates. Erträge des wissenschaftlichen Kolloquium zu Ehren von Prof. Doktor Peter Häberle aus Anlaß seines 65 Geburtstages*, Baden-Baden, 2001

HORKEIMER, M. / ADORNO, T. V., *Dialettica dell'illuminismo*, tr. it, Torino, 1997

HUFFEN, F., *Verwaltungsprozeßrecht*, 5.ª ed., München, 2003

IBÁÑEZ, G.-VARAS, *La Jurisdicción Contencioso-Administrativa en Alemania*, Madrid, 1993

ISABEL FONSECA, *Dos Novos Processos Urgentes no Contencioso Administrativo (Funções e Estrutura)*, Lisboa, 2004

ITALIA, V., *Le presunzioni legali*, Milano, 1999

JEGOUZO, J., "Les principes généraux du droit de l'environnement", in *R.F.D.A.*, n.º 2, 1996

JELLINEK, G., *System der subjektiven öffentlichen Rechte*, 2.ª ed., Tübingen, 1905

JORGE MIRANDA / RUI MEDEIROS, *Constituição da República Anotada*, Tomo I, Coimbra, 2005

JORGE MIRANDA, "A Constituição e o direito do ambiente", in *Direito do Ambiente,* INA, Lisboa, 1994

JORGE MIRANDA, "O Património cultural e a Constituição – tópicos", in *Direito do Património Cultural,* INA, Lisboa, 1996

JORGE MIRANDA, *Manual de Direito Constitucional – Direitos Fundamentais*, IV, 3.ª ed., Coimbra, 2000

JUNG, OTMAR, *Zum Kulturstaatsbefriff. Johann Gottlieb Fichte – Verfassung des Freistaates Bayern – Godesberger Grundsatzprogramm der SPD,* Theisenheim am Glam, 1976

KEOHANE, R., "Governance in partially globalized world", in *Amer. Pol. Sc. Rev.*, n.º 95, 2001

KOCH, H. J., "Die normtheoretische Basis der Abwägung", in *Abwägung im Recht: Symposium und Verabschiedung von Werner Hoppe,* Köln, Berlin, Bonn, München, 1996

KOSKENNIEMI, M., "Constitutionalism as Mindset: Reflections on Kantian Themes about International Law and Globalization", in *Theoretical Inquiries in Law,* n.º 8, 2007

KRÄMER, LUDWIG, *Derecho Ambiental y Tratado de la Comunidad Europea,* tr. esp., Madrid, 1999

LASAGABASTER, I. / BROTONS, L., "Protección del paisaje, ordenación del territorio y espacios naturales protegidos", in *Rev. Vasca de Admin. Públ.,* n.º 70, 2004

LASOK, CH., *The European Court of Justice. Practice and Procedure,* London, 1994

LEDDA, F., *Il rifiuto di provvedimento amministrativo,* Torino, 1964

LEISNER, *Der Abwägungsstaat: Verhältnismäßigkeit als Gerechtigkeit,* Berlin, 1997

LLANO, A., *La Nueva Sensibilidad,* Madrid, 1989

LUGINBÜHL, YVES, "Paysage et identification, qualification et objectifs de qualité", in *Paysage et Développement Durable: Les Enjeux de la Convention Européenne du Paysage,* Strasbourg, 2006

LUTHER, JÖRG, "Profili costituzionali della tutela dell'ambiente in Germania", in *Riv. Giur. Amb.,* n.º 3, 1986

MACHETE, RUI, "Sanação (do acto administrativo inválido)", in *DJAP,* vol. VII, 1996

MARRAMA, R., *Rinuncia all'impugnazione ed acquiescenza al provvedimento amministrativo. Vicende dell'interesse legittimo,* vol. I, 2.ª ed., Napoli, 1979

MARTIN, GILLES, "Précaution et évolution du Droit", in *Le Principe de Précaution (Dans la conduite des affaires humaines),* Paris, 1997

MASING, J., *Die Mobilisierung des Bürgers,* Berlin, 1977

MEDEIROS, RUI, "O ambiente na Constituição", in *RDES,* 1993

MIYER-BISCH (Coord.), *Les Droits Culturels,* Fribourg, 1993

NAESS, A., "The shallow and the deep, long-range ecology movement. A summary", in *Enquiry*, 1976

NIGRO, M., "Scienza dell'amministrazione e diritto amministrativo", in *Riv. trim. dir. proc. civ.*, 1968

NIGRO, M., "Il giudicato amministrativo ed il processo di ottemperanza", in *Il giudizio di ottemperanza,* Milano, 1983

OTERO, P., *O Poder de Substituição em Direito Administrativo. Enquadramento Dogmático-Constitucional,* vol. II, Lisboa, 1995

P. DURET, *Participazione e legittimazione processuale,* Torino, 1996

PALACIOS, IZCARA, "La contaminación agraria y el principio de cautela: hacia una regulación de los riesgos medioambientales originados por la intensificación agraria en la Unión Europea", in *Rev. Est. Eur.,* n.º 21, 1999

PERALES, MIGUEL, *La Responsabilidad Civil por Daños al Medio Ambiente,* 2.ª ed., Madrid, 1997

PEREIRA DA SILVA, V., *Verde Cor de Direito. Lições de Direito do Ambiente,* Coimbra, 2002

PEREIRA DA SILVA, V., *A Cultura A Que Tenho Direito. Direitos Fundamentais e Cultura,* Coimbra, 2007

PETERS, A., "Nebenpflichten im Verwaltungsrechtsverhältnis?", in *Die Verwaltung,* 2002

PISANI, PROTO, "Dell'esercizio dell'azione", in *Commentario del codice di procedura civile,* I, Torino, 1971

PONCE SOLÉ, J., "Prevención, precaución y actividad autorizatoria en el ámbito del medio ambiente", in *Rev. Der. Urb. y Med. Amb.,* n.º 183, 2001

POPPER, K., *Congetture e confutazioni,* tr. it., Bologna, 1972

POPPER, K., *Le fonti della conoscenza e dell'ignoranza,* tr. it., Bologna, 2000

PREDIERI, A., "Paesaggio", in *Enc. dir.*, vol. XXXI, Milano, 1981

PRIETO DE PEDRO, *Cultura, Culturas y Constitución,* Madrid, 1995

R.-GOUILLOUD, M., *Du Droit de Détruire,* Paris, 1989

REHBINDER, E., "Grandfragen des Umweltrechts", in *Zeitschrift für Rechtspolitik*, 1970

REHBINDER, E., "Prinzipien des Umweltrechts in der Rechtsprechung des Bundesverwaltungsgerichts: das Vorsorgeprinzip als Beispiel", in *Bürger, Richter, Staat*, München, 1991

RHEINSTEIN, M., *Einführung in die Rechtsvergleichung*, München, 1987

RIVERO, J., "Le droit administratif en droit comparé : rapport final", in *Rev. Int. Dr. Comp.*, n.º 4, 1989

RODOTÀ, S., "Introduzione", in S. RODOTÀ, *Il diritto privato nella società moderna*, Bologna, 1971

RODOTÀ, S., *Il terribile diritto. Studi sulla proprietà privata*, Bologna, 1981

ROGER, ALAIN, *Court Traité du Paysage*, Paris, 1997

ROMANO, A., "Introduzione", in *Diritto amministrativo*, vol. I, Bologna, 1993

SALMI, S., *Diritto dell'ambiente. Principi fondamentali di diritto ambientale*, Milano, 1994

SANDULLI, A., *La proporzionalità dell'azione amministrativa*, Padova, 1998

SCHENKE, W. R., "Rechtsschutz gegen das Unterlassen von Rechtsnormen", in *Verwaltungsarchiv*, 1991

SCHENKE, W. R., *Verwaltungsprozeßrecht*, 8.ª ed., Heidelberg, 2002

SCHERMERS, H. G. / WAELBROECK, D. F., *Judicial Protection in the European Union*, 6.ª ed., London-New York, 2001

SCHMIDT PREUß, M., *Kollidierende Privatinteressen im Verwaltungsrecht*, Berlin, 1992

SCHMITT, C., *Das Nomos der Erde im Volkerrecht der Jus Publicum Europeum*, Berlin, 1974

SCHOENBORN, *Studien zur Lehre vom Verzicht im öffentlichen Recht*, Heidelberg, 1908

SCOCA, G., *Giustizia amministrativa*, Torino, 2003

SERRES, M., *Le Contrat Naturel*, Paris, 1990

SÉRVULO CORREIA, "O direito à informação e os direitos de participação dos particulares no procedimento", in *Legislação (Cadernos de Ciência de Legislação)*, n.ºs 9/10, 1994

SHAPIRO, M. / STONE SWEET, A., *On Law, Politics and Judicialization*, Oxford, 2002

SHELTON, DINAH, "Certitude et incertitude scientifiques", in *Rev. Jur. Env.*, n.º especial, 1998

SHIHATA, J., "The changing role of the State and some related governance issues", in *Rev. Eur. Dr. Publ.*, n.º 11, 1999

SIFAKIS, A., "Precaution, Prevention and the EIA Directive", in *Eur. Env. Law Rev.*, vol. 7, n.º 12, 1998

SILVESTRI, G., "Scienza e coscienza: due premesse per l'indipendenza del giudice", in *Dir. pubbl.*, 2004

SORICELLI, G., "Brevi considerazioni in tema di ampliamento dei poteri del giudice amministrativo in sede cautelare", in *Riv. amm.*, n.ºs 5/6, 1997

SPAGNA MUSSO, *Lo stato di cultura nella Costituzione italiana*, Napoli, 1961

SPANTIGATI, F., "Dieci anni dopo: la domanda politica di riduzione delle aree protette", in C. A. GRAZIANI (Coord.), *Un'utopia istituzionale. Le aree naturali protette a dieci anni della legge quadro*, Milano, 2001

STELLA RICHTER, *L'inoppugnabilità*, Milano, 1970

STONE, CHRISTOPHER, *Should Trees Have Standing? Toward Legal Rights for Natural Objects,* California, 1974

TALLACCHINI, M., *Diritto per la natura (Ecologia e filosofia del diritto)*, Torino, 1996

TEUBNER, G., "Substantive and Reflexive Elements in Modern Law", in *Law and Soc. Rev.*, 1993

THON, A., *Norma giuridica e diritto soggetivo: Indagini di teoria generale del diritto*, tr. it., Padova, 1951

TRAVI, A., "L'esecuzione della sentenza", in *Tratatto di diritto amministrativo. Diritto amministrativo speciale,* V (Coord. S. CASSESE), 2.ª ed., Milano, 2003

TREVES, G., "Il problema della rinuncia nel diritto amministrativo", in *Studi in onore di Guido Zanobini*, vol. II, Milano, 1964

TRIBE, L., "Ways not to think about plastic trees: new foundations for environmental law", in *The Yale Law Journ.*, vol. 83, n.º 7, 1974

VAQUER CABALLERÍA, M., *Estado y Cultura. La Función Cultural de los Poderes Públicos en la Constitución Española*, Madrid, 1998

VIEIRA DE ANDRADE, *Os Direitos Fundamentais na Constituição Portuguesa de 1976*, 2.ª ed., Coimbra, 2001

VIEIRA DE ANDRADE, "A protecção dos direitos fundamentais dos particulares na justiça administrativa reformada", in *RLJ*, n.º 3929, 2001

VIEIRA DE ANDRADE, "A aceitação do acto administrativo", in *BFDUC, (Separata de Volume Comemorativo)*, 2002

VIEIRA DE ANDRADE, *A Justiça Administrativa*, 8.ª ed., Coimbra, 2006

VILLATA, R., "Riflessioni in tema di giuidizio di ottemperanza ed attività successiva alla sentenza di annullamento", in *Dir. proc. amm.*, n.º 3, 1989

VIRGA, P., *L'acquiescenza al provvedimento amministrativo*, Palermo, 1948

WAHL, R., "Verwaltungsverfahren zwischen Verwaltugseffizienz und Rechtsschutzauftrag", in *VVDStRL*, n.º 41, 1983

WALKER, S. L., *Environmental Protection versus Trade Liberalization: Finding the Balance*, Bruxelles, 1993

WALKER, W.-D., *Der einstweilige Rechtsschutz im Zivilprozeß und im arbeitsgerichtlichen Verfahren*, Tübingen, 1993

WEALE, A., *The New Politics of Pollution*, Glasgow, 1992

WEALE, A., "Ecological Modernization and the Integration of European Environmental Policy", in LIEFFERINK, J. D. / LOWE, P. D. / MOL, A., *European Integration and Environmental Policy*, London, 1993

WELZEL, H., *Naturrecht und Materiale Gerechtigkeit*, Heidelberg 1962

WILLIAMS, A. / VERSCHUUREN, J., "The Implications of the Precautionary Principle in European Environmental Policy and Law", in *Paradigms,* vol. 7.1, 1993

ZUCCARO, F., *Il tempo ed il processo amministrativo,* Milano, 1999

Quem não luta subtilmente contra o tempo?

ÍNDICE

Nota Preambular 9
Plano do Relatório 13

I. Razões da nossa escolha 17

II. Programa da disciplina 25

III. O direito do ambiente e a globalização: implicações metodológicas e algumas complexidades dogmáticas 45

IV. As bases do direito público do ambiente 59
    1. O tempo como elemento enformador do direito público do ambiente e da sua tutela 59
    2. O Estado de Cultura 71
    3. O direito do ambiente como direito da complexidade 77
        3.1. As fabulosas origens da complexidade jurídica ambiental 77
        3.2. Indeterminação da noção jurídica de ambiente 82
        3.3. O ambiente como direito fundamental 84
        3.4. A função constitutiva do direito procedimental do ambiente 89
        3.5. A autodeterminação do direito do ambiente 92
    4. Um objecto inquieto: o ambiente contra a paisagem 95
    5. A poligonalidade da relação jurídico-administrativa ambiental 109

6. Administração cautelar e tutela jurisdicional 119
7. Continuação. Alguma especificidade da justiça ambiental 131
   7.1. Considerações introdutórias 131
   7.2. Um passado novo: a aceitação do acto e as suas implicações 136
   7.3. O passado que não quer passar: uma breve suspensão reflexiva sobre o interesse processual 148
   7.4. O princípio da precaução e a nova justiça administrativa 159
   7.5. O juiz administrativo senhor do processo executivo: a execução substitutiva pela Administração na presença de discricionaridade 178
   7.6. Reflexões finais 189

V. Métodos de ensino – cláusula de progresso pedagógico-científico 195

Bibliografia 211